はじめて学ぶ

介護の日本語
生活知識と
コミュニケーション

三橋 麻子・丸山 真貴子・堀内 貴子・鈴木 健司 著

- 日本語初級レベルから
- 「声かけ」「申し送り」も
  しっかり練習

スリーエーネットワーク

Published by 3A Corporation.
Trusty Kojimachi Bldg., 2F, 4, Kojimachi 3-Chome, Chiyoda-ku, Tokyo 102-0083, Japan

ISBN978-4-88319-847-4 C0081

First published 2020
Printed in Japan

はじめに

　本書は、先に発刊された『はじめて学ぶ介護の日本語 基本のことば』、『はじめて学ぶ介護の日本語 基本の知識』に続くシリーズの1つとして作成いたしました。

　業務上、対人コミュニケーションを担っている外国人スタッフ、これから介護現場に携わる予定の学習者など様々な方に手にとっていただき、まずは日本を感じ、そして、コミュニケーションに必要ないろいろな表現や運用方法を確認していただきたいと思います。円滑なコミュニケーションをとるための一助になれば幸いです。

　学習領域は、「生活知識」と「コミュニケーション」のPartに分かれています。

　「生活知識」のPartは、仕事をする上で、また、利用者（要介護者）との会話、雑談等で必要な日本の生活知識に加え、介護現場特有の情報や知識が学べるようになっています。日本語学習歴の浅い初級レベルの学習者にもわかりやすいようにイラストを多く使用しているので、日本の有名なもの、四季、イベントなどを楽しく学べます。また、日本の食事は、写真を用いて紹介していますので、介護現場に入った際も役に立つでしょう。

　「コミュニケーション」のPartは、まず介護福祉士の一日の業務を理解した後で、「利用者（要介護者）」、「職員」、「家族」、それぞれの相手とコミュニケーションをとる際に必要なことが学べるようになっています。主に、施設側、介護従事者から要望の多い、「声かけ表現」、「申し送り」、「記録」を学習項目として取り上げ、それに必要な表現を中心に作成しています。また、家族とのコミュニケーションのとり方、介護現場で使うオノマトペ、敬語については、外国人学習者からの要望が多い項目です。ぜひ本書を参考にしていただけたらと思います。

　最後に、本書を作成するにあたって、介護現場の視点から有益なご助言、写真提供をくださった社会福祉法人さつき会特別養護老人ホーム袖ケ浦菜の花苑の剣持敬太苑長、加藤安理佐さん、齊藤友実さん、また、介護老人保健施設カトレアンホームの芦澤昌人副施設長、髙梨美紀さん、本盛武さんにお礼を申し上げます。

　また、わたくしどもの教育活動、教材制作に耳を傾け、ご支援賜りました大原学園の吉岡久博先生に感謝申し上げます。そして、何より「はじめて学ぶ介護の日本語」シリーズの企画・編集・校正などを担当し、シリーズ三分冊を根気強く支え、ご尽力くださった、スリーエーネットワークの佐野智子さん、田中綾子さん、中川祐穂さんに心から感謝いたします。

2020年10月

三橋麻子・丸山真貴子・堀内貴子・鈴木健司

目　次

Part 1　生活知識

Part 2　コミュニケーション

別冊：解答

テキストの特長と使い方

1 本書の目指すもの

　本書が目指すのは、介護の現場で必要な知識、コミュニケーション力を身に付けることです。これらを身に付けると、日頃の生活や業務に役に立ちます。

　また、本書には、シリーズとして『はじめて学ぶ介護の日本語 基本のことば』、『はじめて学ぶ介護の日本語 基本の知識』がありますので、あらかじめ学習しておくか、もしくは補助教材として同時に使用すると、学習がよりスムーズに進むでしょう。

2 対象者

対象者	日本語レベルの目安
・日本で介護関係の仕事に就くことを目指している人 　福祉系の大学や専門学校で学ぶ学習者 　福祉系の専門課程への進学予定者 　日本に定住している人 　技能実習生（介護） 　特定技能外国人（介護） ・すでに介護の現場に携わっている人	Part 1　生活知識 　初級レベル～ Part 2　コミュニケーション 　初級修了レベル～ 　介護現場を少し経験した人は、より勉強しやすいです。

3 本書の構成と内容

本書は本冊と別冊で構成されています。また、ウェブサイトに音声と資料があります。

本　冊

《内容》

大きく2つの学習領域で構成されています。

Part 1 生活知識

　「あいさつ」「日本の地理・気候・有名なもの」「日本の季節とイベント」「日本の食事」「衣服・身のまわりのもの」「レクリエーション」の6項目を取り上げています。一般的な日本事情に加えて、介護現場特有の知識を得られるようにしています。Partの最後に、練習問題があります。

Part 2 コミュニケーション

　「介護福祉士の一日」「利用者とのコミュニケーション」「職員とのコミュニケーション」「家族とのコミュニケーション」「介護現場で使う表現　オノマトペ」の5項目を取り上げています。練習問題は項目ごとについています。

巻末には、資料として「敬語」の一覧表があります。

《案内人（登場人物）》

学習内容の説明をしたり、ポイントを伝えます。しっかり読んで、覚えてね！

みつまるこちゃん

導入の質問をするよ！一緒に考えよう！

はてなくん

別　冊

・本冊の「練習しましょう」の答えがあります。

・Part 2「3. 職員とのコミュニケーション　①申し送り」の「練習しましょう」で使用する音声のスクリプトがあります。

ウェブサイト

補助教材として、スリーエーネットワークのウェブサイト（https://www.3anet.co.jp/np/books/4224/）に以下のものがあります。必要に応じて、お使いください。

・料理・食材などのカラー写真（Part 1「4. 日本の食事」）

・色を表す言葉（Part 1「5. 衣服・身のまわりのもの」）

・音声（Part 2「3. 職員とのコミュニケーション　①申し送り」）

❹　学習の進め方と学習時間目安

● 学習の進め方

　本書の学習にあたっては、学習者の日本語習得状況、介護の現場経験、ニーズや目標に合わせて、学習項目や順番、進度を調整してください。例えば、ほとんど介護分野の背景を持たない留学生の場合には、「Part 1 生活知識」から始めて、介護現場特有の生活知識を得ることで、介護現場のイメージを持って「Part 2 コミュニケーション」の学習に進むことができます。一方、介護現場での就労直前や就労直後の学習者の場合には、すぐに現場で役立つ「Part 2 コミュニケーション」から始めて、「Part 1 生活知識」は適宜確認するなどの使い方ができます。

● 学習時間の目安と指導のポイント

　次ページの表は、各項目を授業で扱った場合の進め方の例です。参考にしてください。

> 生活知識：10 ～ 12 コマ
> コミュニケーション：30 コマ ＞ 合計 40 ～ 42 コマ
> 　※ 45 分 1 コマとして、コマ数を提示しています。
> ▶ 1 日 2 コマで週 5 日なら、4 週（1 か月）程度
> ▶ 1 日 2 コマで週 3 日なら、7 週程度
> ▶ 1 日 4 コマで週 3 日なら、4 週（1 か月）程度

「Part 1 生活知識」の進め方例

日本語レベル	初級レベル〜
コマ数	学習項目・指導のポイント

コマ数	学習項目・指導のポイント
1	1．あいさつ
2	2．日本の地理・気候・有名なもの
2	3．日本の季節とイベント
2〜3	4．日本の食事
2	5．衣服・身のまわりのもの
1〜2	6．レクリエーション
	●練習しましょう

それぞれの項目で、知っているもの、知らないもの、介護の場面特有のものかどうかを考えながら、学習をするといいでしょう。なぜ介護場面特有なのかを意識させると、現場に活かせます。
イラストから現場をイメージをしてもらうことも、効果的な練習です。

日本の食生活とともに、介護現場で提供される介護食の種類や、食器（自助具）について、写真やイラストを活用して、イメージしてもらってください。

一般的なものだけではなく、高齢者や施設入居者が着用する衣服について幅広く紹介していますので、利用者（要介護者）や場面などをイメージして学習するといいでしょう。

特に「4.日本の食事」と「5.衣服・身のまわりのもの」では、利用者（要介護者）の生活を想像しながら授業を進めると、理解が深まるでしょう。

施設などでよく行われるレクリエーションです。実際に体を動かしてみるのもいいと思います。

それぞれの項目の学習後に、該当する問題を行うのもいいですし、最後にまとめて行ってもいいでしょう。

「Part 2　コミュニケーション」の進め方例

日本語レベル	初級修了レベル〜　※介護現場を少し経験した人は、より勉強しやすい
コマ数	学習項目・指導のポイント
1	1．介護福祉士の一日 まだ介護現場の経験がない人には、一つ一つ、何に対する介護業務なのかを話しながら進めてください。自分が介護士になったらどのような仕事をするのかについて、イメージできるように促しましょう。 介護現場の経験がある人には、自分のしている介護業務について話してもらうのもいいでしょう。
7	2．利用者とのコミュニケーション ①声かけ ・練習しましょう 紹介している表現は、難しいものや専門的なものではありません。 各場面をイメージしながら練習し、様々な表現が使えるようになることを心がけてください。
2	②あいづち ・練習しましょう あいづちが自然にうてるようになるように練習し、その中で、「相手の話を受け入れる姿勢」に気がつくように促しましょう。
2	③質問の方法 ・練習しましょう 「閉じられた質問」と「開かれた質問」が、偏ってしまうことが多いです。 両方をバランスよく織り交ぜた会話ができるように意識して練習をしましょう。
6	3．職員とのコミュニケーション ①申し送り ・練習しましょう まずは申し送りの内容が聞いてわかることが目標です。重要な部分を抜き出すコツがわかって、先輩スタッフに内容を伝えられればOKです。 最後に、別冊についているスクリプトで、口慣らしの練習をしてみてください。

4	②記録 ・練習しましょう	介護現場へ入職してすぐに記録業務に携わることはあまりありません。 まずは、記録物の種類や書かれている内容がわかることが重要です。 そして、記録にあたっては、数字や○×などの記号がつけられることを第一歩とします。次に、様々な記録文の例を読んで、客観的に表現する方法を知ってから練習をしましょう。
2	4．家族とのコミュニケーション ①利用者の様子を伝える場面 （家族の来所時・家族への報告・家族との電話） ・練習しましょう	利用者（要介護者）の家族に、簡潔に様子を伝えられるよう、練習問題以外にも、場面を想定してみてください。
	②家族からもらいものをする場面 ・練習しましょう	施設などの決まり事を想定し、上手にお礼、お断りができるように練習しましょう。
2	5．介護現場で使う表現　オノマトペ ①体調に関するオノマトペ ・練習しましょう	場面や様子に応じたオノマトペが活用できるように、練習しましょう。
2	②様子に関するオノマトペ ・練習しましょう	
2	③気持ちに関するオノマトペ ・練習しましょう	

●1か月間のカリキュラム例

　ここまでは、授業実施の目安になる時間数を示してきましたが、実際には Part 1 と Part 2 を組み合わせてカリキュラムをたてることもあると思います。ここでは、学習期間が1か月間（11日間）、週3日、1日4コマの場合の例を示します。

日	コマ	Part 1　生活知識	Part 2　コミュニケーション
	1		1.　介護福祉士の一日（P40）
1	1	1.　あいさつ（P2） 練習しましょう1（P28）	
	2	2.　日本の地理・気候・有名なもの（P4） 練習しましょう2（P29）	
2	2	3.　日本の季節とイベント（P8） 練習しましょう3（P31）	
	2		2.　利用者とのコミュニケーション（P44） ②あいづち（P56） 練習しましょう（P58）
3	2	4.　日本の食事（P14） 練習しましょう（P32）	
	2		①声かけ（P45） 朝と就寝のあいさつ（P46） 食事介助のときの声かけ（P47）
4	2	5.　衣服・身のまわりのもの（P20） 練習しましょう（P35）	
	2		更衣介助／着脱介助のときの声かけ（P53） 入浴介助のときの声かけ（P50）
5	1	6.　レクリエーション（ラジオ体操・ゲートボール・風船バレー）（P24）	
	3		排泄介助のときの声かけ（P48） 移動介助・移乗介助のときの声かけ（P52） 練習しましょう（P54）
6	1	6.　レクリエーション（折り紙・歌）（P25） 練習しましょう（P38）	
	1	生活知識の復習	
	2		③質問の方法（P60） 練習しましょう（P62）
7	2		5.　介護現場で使う表現　オノマトペ（P97） ①体調に関するオノマトペ（P98） 練習しましょう（P100）
	2		4.　家族とのコミュニケーション（P92） 練習しましょう

8	2	5. 介護現場で使う表現　オノマトペ ②様子に関するオノマトペ（P101） 練習しましょう（P103）
	1	3. 職員とのコミュニケーション（P65） ①申し送り 申し送りで使う言葉（P66） 申し送りで使う表現（P67）
	1	練習しましょう1《利用者の体調①》 （P68）
9	2	5. 介護現場で使う表現　オノマトペ ③気持ちに関するオノマトペ（P104） 練習しましょう（P106）
	1	3. 職員とのコミュニケーション ①申し送り 練習しましょう2《利用者の体調②》 （P70）
	1	練習しましょう3《病院受診》（P72）
10	1	練習しましょう4《ショートステイ》 （P74）
	1	練習しましょう5《利用者の夜間の様子》 （P76）
	1	練習しましょう6（P78） ②記録（P80） 介護記録の例（P81）
	1	①健康チェック（P82） ②水分摂取量（P83） ③食事（P84） ④服薬（P85）
11	2	⑤入浴（P86） ⑥排泄（P87） ⑦ご様子（日中・夜間）（P88） 練習しましょう（P90）
	2	復習

Part 1 生活知識

1 あいさつ

一般的なあいさつ
_{いっぱんてき}

仕事で使うあいさつ
_{しごと つか}

家族に使うあいさつ

② 日本の地理・気候・有名なもの

日本の地理・気候

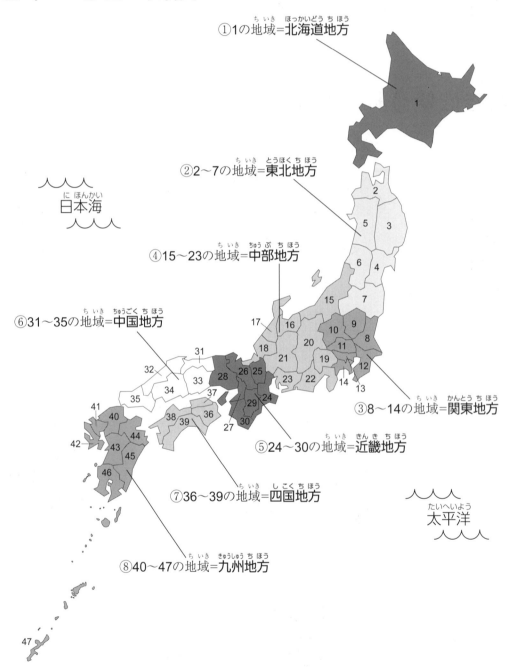

①1の地域＝北海道地方

②2〜7の地域＝東北地方

日本海

④15〜23の地域＝中部地方

⑥31〜35の地域＝中国地方

③8〜14の地域＝関東地方

⑤24〜30の地域＝近畿地方

⑦36〜39の地域＝四国地方

太平洋

⑧40〜47の地域＝九州地方

①北海道地方　1　北海道

②東北地方　2　青森県　3　岩手県　4　宮城県　5　秋田県　6　山形県　7　福島県

③関東地方　8　茨城県　9　栃木県　10　群馬県　11　埼玉県　12　千葉県　13　東京都
14　神奈川県

④中部地方　15　新潟県　16　富山県　17　石川県　18　福井県　19　山梨県　20　長野県
21　岐阜県　22　静岡県　23　愛知県

⑤近畿地方　24　三重県　25　滋賀県　26　京都府　27　大阪府　28　兵庫県　29　奈良県
30　和歌山県

⑥中国地方　31　鳥取県　32　島根県　33　岡山県　34　広島県　35　山口県

⑦四国地方　36　徳島県　37　香川県　38　愛媛県　39　高知県

⑧九州地方　40　福岡県　41　佐賀県　42　長崎県　43　熊本県　44　大分県　45　宮崎県
46　鹿児島県　47　沖縄県

北海道地方は、夏は比較的涼しいですが、冬は雪が多く、とても寒い地方です。2月には、雪まつりが行われます。

日本海側の地方は、特に冬に雪が多く降ることで知られていますが、雪解け水によって、おいしい米や野菜が実ります。

関東地方は、日本海側と違って、特に冬は雨が少なく、とても乾燥した日が続きます。

九州地方は、果物などが有名ですが、南部は夏に雨が多く、台風の影響を受けることもあります。

日本の有名なもの

31 鳥取県：鳥取砂丘

26 京都府：古寺（清水寺、金閣寺など）

27 大阪府：お好み焼き・たこ焼き

40 福岡県：明太子

42 長崎県：平和公園

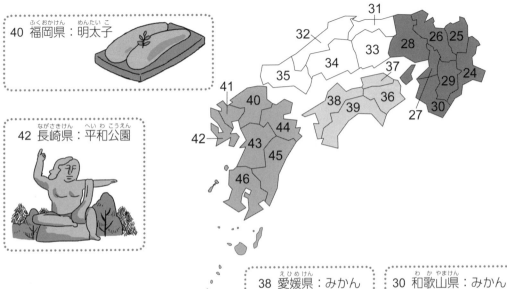

38 愛媛県：みかん

30 和歌山県：みかん

43 熊本県：すいか

46 鹿児島県：桜島

47 沖縄県：パイナップル

36 徳島県：阿波おどり

1 北海道：さっぽろ雪まつり・じゃがいも

2 青森県：ねぶた祭・りんご

5 秋田県：なまはげ

6 山形県：さくらんぼ

15 新潟県：米

19 山梨県：もも

8 茨城県：なっとう

12 千葉県：落花生

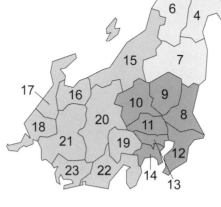

あなたの住んでいる地域の名物や名産品について調べてみましょう。

3 日本の季節とイベント
にほん　きせつ

日本の季節
にほん　きせつ

新緑
しんりょく

うぐいす

たけのこ

梅
うめ

田植え
たう

桜
さくら

つくし

お花見
はなみ

花粉
かふん

いちご

菜の花
なはな

たんぽぽ

チューリップ

春
はる

冬
ふゆ

クリスマス

除夜の鐘
じょや　かね

初詣
はつもうで

忘年会
ぼうねんかい

餅つき
もち

椿
つばき

鍋料理
なべりょうり

新年会
しんねんかい

12/31

年越しそば
としこし

りんご・みかん

おせち料理
りょうり

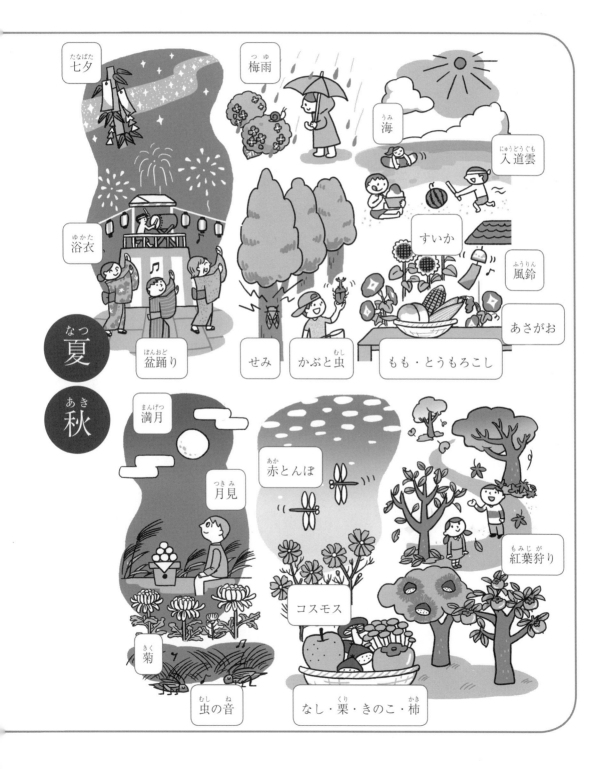

春の主なイベント

3月（弥生）

ひな祭り

春の彼岸

卒業式

4月（卯月）

お花見

入学式

5月（皐月）

端午の節句

母の日

春になると、お花見を楽しむ人々の姿がよく見られます。

夏の主なイベント

6月（水無月）

梅雨入り

父の日

7月（文月）

七夕

お盆

梅雨明け

8月（葉月）

花火大会

お盆

お盆は7月や8月に行われます。亡くなった先祖を家にお迎えする行事です。野菜や果物をお供えします。

秋の主なイベント

9月（長月）

お月見

敬老の日

秋の彼岸

9月の第3月曜日が敬老の日です。お年寄りを敬い、長生きを祝います。

10月（神無月）

ハロウィン

11月（霜月）

紅葉狩り

冬の主なイベント

12月（師走）

冬至（ゆず湯）

クリスマス

大みそか

1月（睦月）

お正月

初詣

成人の日

年末年始はクリスマス、お正月、書き初め、初詣など多くの行事があります。

2月（如月）

節分

施設のイベントを紹介します

▼お花見

▼端午の節句（こいのぼり）

▼七夕

願い事を書いた短冊だけでなく、折り紙や切り紙なども使って笹をきれいに飾ります。

▼納涼会（盆踊り）

▼ハロウィン

▼敬老の日

▼新年会

ここに紹介したのは行事の一部ですが、この他にも地域によって、あるいは施設によって、様々な行事が行われています。

写真提供：特別養護老人ホーム　袖ケ浦菜の花苑
　　　　　介護老人保健施設　カトレアンホーム

4 日本の食事
にほん　しょくじ

日本の食事・献立
にほん　しょくじ　こんだて

食事
しょくじ

朝ご飯／朝食
あさ　はん　ちょうしょく

昼ご飯／昼食
ひる　はん　ちゅうしょく

おやつ／間食
かんしょく

晩ご飯／夕食
ばん　はん　ゆうしょく

和食
わしょく

洋食
ようしょく

中華
ちゅうか

デザート

一汁三菜
いちじゅうさんさい

副菜
ふくさい

主菜
しゅさい

主食
しゅしょく

汁物
しるもの

日本の食事の献立に「一汁三菜」という考え方があります。これは、
にほん　しょくじ　こんだて　　いちじゅうさんさい　　　　　　　　　　かんが　かた
1食の中に、主食以外は汁物が1品、おかずが3品ということを意味
しょく　なか　しゅしょくいがい　しるもの　しな　　　　　　しな　　　　　　　い み
します。介護施設でも一汁三菜の献立が多くありますよ。
かいご し せつ　　いちじゅうさんさい　こんだて　おお

主食（しゅしょく）

ご飯（はん）

ご飯（はん）　混ぜご飯／炊き込みご飯（ま はん た こ はん）　丼（どんぶり）　（お）赤飯（せきはん）　（お）粥（かゆ）　雑炊（ぞうすい）

パン　　麺類（めんるい）

パン　　うどん　　そば　　ラーメン　　スパゲティ

副食（ふくしょく）

主菜（しゅさい）　肉、魚、卵、大豆製品のおかず（にく さかな たまご だいず せいひん）

煮魚（にざかな）　焼き魚（や ざかな）　オムレツ　ハンバーグ　冷奴（ひややっこ）

副菜（ふくさい）　野菜、きのこ、いも等のおかず（やさい とう）

筑前煮（ちくぜんに）　漬物（つけもの）　サラダ　お浸し（ひた）

汁物（しる もの）

（お）みそ汁（しる）　スープ　すまし汁／（お）吸い物（じる す もの）

調理法・料理名

焼く
焼き物・〜焼き

炒める
炒め物・〜炒め

揚げる
揚げ物・〜揚げ・
〜フライ・〜の天ぷら

煮る
煮物・煮つけ・
〜煮

ゆでる
ゆで〜

蒸す
蒸し物・〜蒸し

和える
和え物・〜和え

漬ける
漬物・〜漬け

ほうれん草 の ごま和え

えび フライ

食器

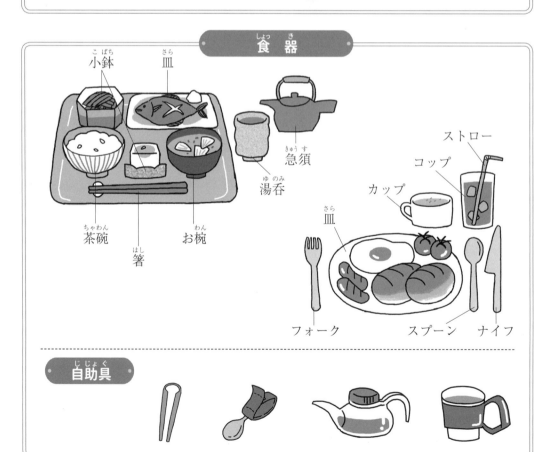

小鉢
皿
急須
湯呑
茶碗
箸
お椀
ストロー
コップ
カップ
皿
フォーク
スプーン
ナイフ

自助具

調味料・味

砂糖　みそ　しょうゆ　塩　こしょう

酢　マヨネーズ　ケチャップ　ソース　だし

甘い　すっぱい　しょっぱい　苦い　辛い

人が感じる味覚は「甘味／甘い」「酸味／すっぱい」「塩味／しょっぱい」「苦味／苦い」「うま味／うまい」の5種類が基本とされています。ここでは、それ以外にも味の表現でよく使われる「辛い」を取り上げています。

素材の旬

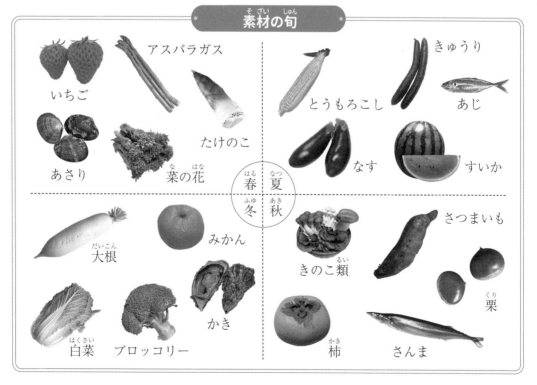

いちご　アスパラガス　たけのこ　とうもろこし　きゅうり　あじ　なす　すいか

あさり　菜の花

春｜夏
冬｜秋

大根　みかん　きのこ類　さつまいも　栗

白菜　ブロッコリー　かき　柿　さんま

介護食

介護施設では、利用者一人ひとりの状態に合わせ、食材の切り方や状態を変えて、調理を行っています。介護施設によって、表現の仕方が少し違うことがありますが、ここでは一例を紹介します。

食事の形態

常食／普通食　　介護食

刻み食／粗刻み食　　小刻み食／極刻み食　　ペースト食　　ソフト食

嚥下咀嚼の難しさ

難しい　　　　　　　　　　　　　　　　　　易しい

介護食は「嚥下食」、「嚥下訓練食」とも言われます。飲み込みを助けるために、水分には「とろみ」をつけることもあります。また、嚥下に関する食事以外にも塩分やカロリーを控えた「制限食」や疾患に対応した「特別食」と呼ばれるものもあります。

行事食・イベント食

行事食は、季節の行事やお祝いのときに食べるものです。食事から季節を感じることができますね。ここでは一例を紹介します。他にもたくさんありますから自分でも調べてみましょう！

行事食・イベント食

ひな祭り

ちらし寿司、はまぐりのお吸い物、ひなあられ

ひな祭りは女の子のお祭りです。はまぐりは対になっている貝殻しかぴったり合わないことから、将来の幸せな結婚を意味しています。

土用の丑の日

うなぎのかば焼き

うなぎを食べることで栄養をつけて、夏バテしないという意味があります。

春 夏
冬 秋

大みそか

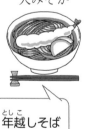

年越しそば

お正月

おせち料理、お雑煮

年越しそばは、細く長いことから長生きするという意味、おせち料理は、使われている材料それぞれにおめでたい意味が込められています。

お月見

月見うどん・そば

お団子

月をイメージして、丸い形をしたお団子を食べたり、卵を料理に取り入れたりしています。

19

5 衣服・身のまわりのもの

衣服

上衣／上着

下衣

履物／靴

下着／肌着

衣服の言葉は、大きく分類すると上のようになります。しかし、上衣だけでもデザインによって名前が何種類もあります。絵をよく見て、しっかり特徴を覚えてくださいね。

上衣／上着

 Tシャツ

 シャツ

 ブラウス

 ポロシャツ

 トレーナー

 セーター

ベスト／チョッキ

 カーディガン

 ジャケット

 コート

 ジャンパー

 ワンピース

半袖・長袖・〜分袖

襟付き
ハイネック

丸首

Vネック

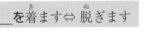
＿＿＿を着ます⇔脱ぎます

半袖 の T シャツ

下衣（かい）

ズボン　スカート　〜分丈（ぶたけ）　膝丈（ひざたけ）

_____をはきます⇔脱（ぬ）ぎます

パジャマ／寝巻（ねまき）／寝衣（しんい）

パジャマ　浴衣（ゆかた）

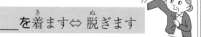 _____を着（き）ます⇔脱（ぬ）ぎます

下着（したぎ）／肌着（はだぎ）

ランニングシャツ／　パンツ／　ズボン下（した）
肌着（はだぎ）（上（うえ））　肌着（はだぎ）（下（した））

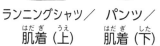 ___を着（き）ます／はきます⇔脱（ぬ）ぎます

履物（はきもの）／靴（くつ）など

ストッキング／タイツ　靴下（くつした）／ソックス　スリッパ　サンダル　スニーカー／運動靴（うんどうぐつ）

 _____をはきます⇔脱（ぬ）ぎます

衣服（いふく）の言葉（ことば）はたくさんあります。しっかり覚（おぼ）えて、利用者（りようしゃ）の持（も）ちものを間違（まちが）えないようにしましょう。

特徴・柄・模様の言葉

チェック

花柄

ストライプ／
たてじま／しましま

ボーダー／
よこじま／しましま

水玉（模様）

無地

〜のついた

着心地・機能に関する言葉

言葉	意味
着心地 ◆ 着心地がいい・悪い	衣服を着たときの感じや気持ち
このシャツは汗をよく吸うから、夏は着心地がいい。	
肌触り ◆ 肌触りがいい・硬い・柔らかい	肌に触れたときの感じ
肌着は、肌触りが柔らかいものを選んだほうがいい。	
薄い／薄手 ◆ 〜（の）生地	普通より物の厚みが少ないこと
暑いときは薄手のシャツを着ると過ごしやすい。	
厚い／厚手 ◆ 〜（の）生地	普通より物の厚みがあること
今日は寒いので、散歩のときは厚手のセーターで出かけよう。	

日本の生活では季節に合わせて服を選びます。介護施設で利用者の服装を選ぶときには、着心地や機能、着る目的を考えて選びましょう。

身のまわりのもの

めがね
眼鏡

めがね
眼鏡ケース

ほ ちょう き
補聴器

うで ど けい
腕時計

おき ど けい
置時計

整容関係

は
歯ブラシ

は みが こ
歯磨き粉

い ば ぎ し
入れ歯／義歯

い ば
入れ歯ケース

コップ

くし・ブラシ

かみそり・シェーバー

つめ き
爪切り

て かがみ
手鏡

け しょうひん
化粧品

タオルなど

ハンカチ

ハンドタオル

フェイスタオル

バスタオル

その他

ぼう し
帽子

つえ
杖

むし め がね
虫眼鏡／ルーペ

ひざかけ

入れもの

かばん

きんちゃくぶくろ
巾着袋

ポーチ

さい ふ
財布

6 レクリエーション

施設では、毎日様々なレクリエーションを行っています。体を動かすもの、指先を使うもの、頭を使うもの、音楽を使ったものなど様々なレクリエーションで、身体面にも精神面にもいい効果があります。ここでは、施設で行われるレクリエーションを少しだけ紹介します。

ラジオ体操

日本各地で行われている体操です。
立っていても座っていてもできます。

ゲートボール

無理なく体を動かすので、車いすの人も行うことができます。ルールも難しくないので、気軽に始めることができます。また、仲間と一緒にやるので会話も楽しめます。

風船バレー

風船は軽く、ゆっくり動くので、あまり力がない人や速く動けない人でも打つことができます。また、みんなでできるだけ長く続けるために、数を数えたりして、頭も使います。

折り紙
おがみ

折り紙は、手や指先を器用に使って行いますので、脳に刺激を与えます。また、それほど時間がかからずに作品ができるので、達成感を得るのにもいいでしょう。利用者もやったことがあるはずですので、やり方を教えてもらって、コミュニケーションをとるのもいいです。

折り紙で使う言葉を覚えましょう♪

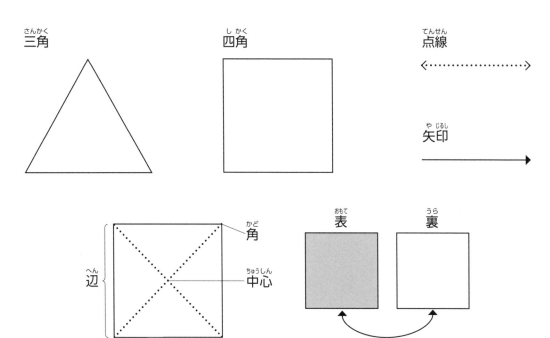

三角　四角　点線

矢印

表　裏

角　中心　辺

三角・四角 に折る　点線で折る　点線に沿って折る

角・中心 に合わせる　角・辺 を合わせる

歌

　歌を歌うことで、ストレスが解消されたり、気持ちがとても
よくなったりします。精神面にいいのはもちろんですが、口を
大きく開けて動かすことで口の周りの筋肉が強くなったり、唾
液がたくさん出たりして、身体的にもとてもいいです。ここで
は、介護施設でよく歌われる歌を紹介します。

ふるさと　　作詞：高野辰之　作曲：岡野貞一

1. 兎追いしかの山
   小鮒釣りしかの川
   夢は今もめぐりて
   忘れがたき故郷

2. 如何にいます父母
   恙なしや友がき
   雨に風につけても
   思いいずる故郷

3. こころざしをはたして
   いつの日にか帰らん
   山はあおき故郷
   水は清き故郷

富士山　　作詞：巌谷小波　作曲：（文部省唱歌）

1. あたまを雲の上に出し
   四方の山を見おろして
   かみなりさまを下に聞く
   富士は日本一の山

2. 青空高くそびえ立ち
   からだに雪の着物着て
   霞のすそを遠く曳く
   富士は日本一の山

むすんでひらいて　　作詞：（文部省唱歌）　作曲：ROUSSEAU JEAN JACQUES

1. むすんで　ひらいて
   てをうって　むすんで
   またひらいて　てをうって
   そのてを　うえに
   むすんで　ひらいて
   てをうって　むすんで

2. むすんで　ひらいて
   てをうって　むすんで
   またひらいて　てをうって
   そのてを　したに
   むすんで　ひらいて
   てをうって　むすんで

よく歌われる歌

春が来た

さくらさくら

こいのぼり

春の小川

夏の思い出

海

浜辺の歌

われは海の子

春　夏
冬　秋

雪

きよしこの夜

お正月

一月一日

赤とんぼ

虫の声

夕焼け小焼け

七つの子

◉ 練習しましょう１《あいさつ》

 例のように、絵を見て答えましょう。

●練習しましょう2《日本の地理・気候・有名なもの》

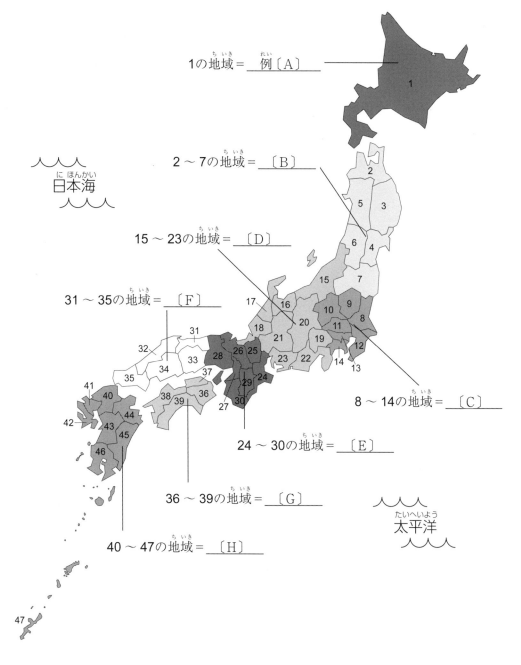

1の地域＝ ＿例〔A〕＿＿＿＿

日本海

2～7の地域＝ ＿＿〔B〕＿＿＿

15～23の地域＝ ＿〔D〕＿＿＿

31～35の地域＝ ＿〔F〕＿＿＿

8～14の地域＝ ＿〔C〕＿＿

24～30の地域＝ ＿〔E〕＿＿＿

36～39の地域＝ ＿〔G〕＿＿＿

40～47の地域＝ ＿〔H〕＿＿＿

太平洋

1. 例のように、〔B〕～〔H〕に地方の名前を書きましょう。

例〔A〕 ＿＿北海道地方＿＿＿＿

〔B〕 ＿＿＿＿＿＿＿　　〔C〕 ＿＿＿＿＿＿＿　　〔D〕 ＿＿＿＿＿＿＿

〔E〕 ＿＿＿＿＿＿＿　　〔F〕 ＿＿＿＿＿＿＿　　〔G〕 ＿＿＿＿＿＿＿

〔H〕 ＿＿＿＿＿＿＿

2. どこのお祭りやイベントですか。例のように、絵を見て書きましょう。

例

青森県：　ねぶた祭

①

＿＿＿＿＿＿＿：＿＿＿＿＿＿＿

②

＿＿＿＿＿＿＿：＿＿＿＿＿＿＿

③

＿＿＿＿＿＿＿：＿＿＿＿＿＿＿

 3. どこの有名な場所やものですか。例のように、絵を見て書きましょう。

例

長崎県：平和公園

①

＿＿＿＿＿＿＿：＿＿＿＿＿＿＿

②

＿＿＿＿＿＿＿：＿＿＿＿＿＿＿

③

＿＿＿＿＿＿＿：＿＿＿＿＿＿＿

④

＿＿＿＿＿＿＿：＿＿＿＿＿＿＿

⑤

＿＿＿＿＿＿＿：＿＿＿＿＿＿＿

 4. ◻︎◻︎の中から選んで＿＿＿＿＿に書きましょう。

北海道地方　　　関東地方　　　九州地方

① ＿＿＿＿＿は、冬は雪が多くとても寒い地方です。2月には雪まつりが行われます。

② ＿＿＿＿＿は、南部は夏に雨が多く、台風の影響を受けることもあります。

③ ＿＿＿＿＿は、特に冬に雨が少なく、とても乾燥した日が続きます。

◉練習しましょう3《日本の季節とイベント》

 例のように、絵を見て書きましょう。

例

〔 春 〕＿＿＿＿お花見＿＿＿＿

①

〔　　　〕＿＿＿＿＿＿＿＿＿

②

〔　　　〕＿＿＿＿＿＿＿＿＿

③

〔　　　〕＿＿＿＿＿＿＿＿＿

④

〔　　　〕＿＿＿＿＿＿＿＿＿

⑤

〔　　　〕＿＿＿＿＿＿＿＿＿

⑥

〔　　　〕＿＿＿＿＿＿＿＿＿

⑦

〔　　　〕＿＿＿＿＿＿＿＿＿

◉練習しましょう4《日本の食事》

 1. 調理方法は何ですか。絵を見て書きましょう。

①

②

③

④

＿＿＿＿＿＿＿＿＿＿　　＿＿＿＿＿＿＿＿＿＿　　＿＿＿＿＿＿＿＿＿＿　　＿＿＿＿＿＿＿＿＿＿

⑤

⑥

⑦

⑧

＿＿＿＿＿＿＿＿＿＿　　＿＿＿＿＿＿＿＿＿＿　　＿＿＿＿＿＿＿＿＿＿　　＿＿＿＿＿＿＿＿＿＿

2. どのような食事ですか。例のように、写真を見て書きましょう。
また、嚥下咀嚼の難しさの順番に番号を書きましょう。

例

刻み／粗刻み　食

① 　＿＿＿＿＿＿＿＿食

② 　＿＿＿＿＿＿＿＿食

③ 　＿＿＿＿＿＿＿＿食

④ 　＿＿＿＿＿＿＿＿食

嚥下咀嚼の難しさ

難しい						易しい
	＿＿＿	→	例	→ ＿＿＿ → ＿＿＿ → ＿＿＿		

3．例のように、写真を見て料理について説明を書きましょう。

例

料理：スープ

種類：汁物

食器：カップ

①料理：＿＿＿＿＿＿
　種類：＿＿＿＿＿＿
　食器：＿＿＿＿＿＿

②料理：＿＿＿＿＿＿
　種類：＿＿＿＿＿＿
　食器：＿＿＿＿＿＿

③食器：＿＿＿＿＿＿

④料理：＿＿＿＿＿＿
　種類：＿＿＿＿＿＿
　食器：＿＿＿＿＿＿

⑤料理：＿＿＿＿＿＿
　種類：＿＿＿＿＿＿
　食器：＿＿＿＿＿＿

⑥料理：＿＿＿＿＿＿
　種類：＿＿＿＿＿＿
　食器：＿＿＿＿＿＿

料理は、「とうもろこしのスープ」というように、具材などを説明するともっといいですね。

４．下の献立から日時を選び、例のように、利用者に説明しましょう。

		3月2日（月）	3月3日（火）
昼食	主食	そば	ちらし寿司
	副食	キャベツとえびの炒め物 小松菜のごま和え 果物（いちご）	野菜の煮物 ゼリー
	汁物		すまし汁（はまぐり）
夕食	主食	たけのこご飯	ご飯
	副食	卵焼き 筑前煮 漬物	豆腐ハンバーグ ツナサラダ 佃煮
	汁物	みそ汁（豆腐）	みそ汁（菜の花）

例 | 3月2日夕食 |

○○さん、夕食はたけのこご飯とみそ汁です。おかず
は卵焼きと筑前煮と漬物です。おみそ汁は豆腐が入っ
ています。たけのこご飯は、旬のたけのこがたくさん
入っています。おいしいですよ♪

___月___日___食

○○さん、＿＿＿＿＿＿＿＿＿＿＿＿＿＿＿＿
＿＿＿＿＿＿＿＿＿＿＿＿＿＿＿＿＿＿＿＿＿＿
＿＿＿＿＿＿＿＿＿＿＿＿＿＿＿＿＿＿＿＿＿＿
＿＿＿＿＿＿＿＿＿＿＿＿＿＿＿＿＿＿＿＿＿＿

メニューを言ってから、一言言ってみましょう。例えば、「これは旬の
ものですよ」「おいしいですよ」などと言うといいですね。

◉ 練習しましょう5《衣服・身のまわりのもの》

 1. どんな服ですか。例のように、絵を見て書きましょう。

例

花柄のカーディガン

①

_____

②

_____

③

_____

④

_____

⑤

_____

 2. 名前は何ですか。絵を見て書きましょう。

①

_____

②

_____

③

_____

④

_____

⑤

_____

⑥

_____

⑦

_____

⑧

_____

⑨

_____

⑩

_____

 3. どんな服を着ますか。絵を描いて、説明しましょう。

春、散歩に行くとき

_____
_____
_____
_____
_____
_____
_____
_____

4. 本日（2020年3月2日）、大野和子さんが入所しました。大野さんが入所にあたり持参したものをしっかり確認し、持ちものリストを作成しましょう。

大野和子さん

例　小西太郎さんが入所したとき

入所時持ちものチェックリスト

小西太郎　　様　　　　記入日：2020年 2月 1日　担当者　　クエン

	品名	特徴	個数		品名		色・特徴	個数
衣類	シャツ	チェック　茶色	1	整容関係	コップ	有・無	黄色	1
	ブラウス				歯ブラシ	有・無	青	1
	Tシャツ				歯磨き粉	有・無		1
	ポロシャツ	半袖　白	1		入れ歯	有・無	上・下	1
	トレーナー				入れ歯ケース	有・無		1
	セーター				ブラシ・くし	有・無		
	カーディガン				シェーバー	有・無		
	ベスト				爪切り	有・無		

※言葉はP20～P23でもう一度よく確認してください。

入所時持ちものチェックリスト

＿＿＿＿＿＿＿＿様　　　　記入日：＿＿＿年＿＿＿月＿＿＿日　担当者＿＿＿＿＿＿

		品名	特徴	個数		品名		色・特徴	個数
衣類		シャツ			整容関係	コップ	有・無		
		ブラウス				歯ブラシ	有・無		
		Tシャツ				歯磨き粉	有・無		
		ポロシャツ				入れ歯	有・無	（上・下）	
		トレーナー				入れ歯ケース	有・無		
		セーター				ブラシ・くし	有・無		
		カーディガン				シェーバー	有・無		
		ベスト				爪切り	有・無		
		ジャケット							
		ジャンパー							
		コート			介護品	車いす	有・無		
		ズボン				杖	有・無		
		スカート				補聴器	有・無		
		ワンピース							
		肌着（上）							
		肌着（下）							
		ズボン下							
		寝巻（パジャマ・浴衣）							
		ストッキング／タイツ			貴重品	財布	有・無		
		靴下				現金	有・無		
		靴							
タオル類		バスタオル				眼鏡	有・無		
		フェイスタオル			その他	眼鏡ケース	有・無		
		ハンドタオル				かばん	有・無		
		ハンカチ				巾着袋	有・無		

当日の服装

現場で書くときは、特徴として色も書きますよ。
「色を表す言葉」の情報がWebにあります。確認
しましょう。

◉ **練習しましょう6**《レクリエーション》

例のように、絵を見て折り紙の折り方を説明しましょう。また、実際に折ってみましょう。

まず、…

例 ❶ ❷ ❸ 完成

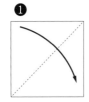 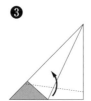 

ヨット

これからヨットを作ります。まず、角と角を合わせて三角に折ります。次に、上の1枚だけを点線のように真ん中に合わせて折ります。それから下の部分を点線に沿って折ります。ここはヨットの船の部分になります。これでヨットができあがりました。

❶ ❷ ❸ ❹ 完成

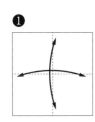 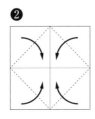 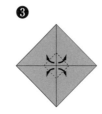 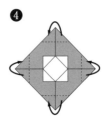 

花

これから花を作ります。

まず、① ＿＿＿＿＿＿＿＿＿＿＿＿＿＿＿＿＿＿＿＿＿＿＿＿＿＿＿＿＿＿＿＿＿＿＿ 。

そして、② ＿＿＿＿＿＿＿＿＿＿＿＿＿＿＿＿＿＿＿＿＿＿＿＿＿＿＿＿＿＿＿＿＿ 。

次に、③ ＿＿＿＿＿＿＿＿＿＿＿＿＿＿＿＿＿＿＿＿＿＿＿＿＿＿＿＿＿＿＿＿＿ 。

それから、④ ＿＿＿＿＿＿＿＿＿＿＿＿＿＿＿＿＿＿＿＿＿＿＿＿＿＿＿＿＿＿＿ 。

これで、⑤ ＿＿＿＿＿＿＿ ができあがりました。

Part 2 コミュニケーション

① 介護福祉士の一日

介護福祉士の仕事

介護福祉士がする仕事には以下のような仕事があります。

食事介助

排泄介助

入浴介助

移動介助

更衣介助／着脱介助

移乗介助

臥床介助／就寝介助

離床介助／起床介助

口腔ケア

家族への報告

記録

申し送り

いろいろな仕事がありますが、主な仕事として、食事介助、排泄介助、入浴介助の三大介助があります。
その他、移動介助、更衣介助も入れ、五大介助とも言われています。

介護福祉士の一日（入所施設の例）

時間		予定	介護業務	シフト
朝	6:00	起床	・離床介助　・更衣介助　・排泄介助	準夜勤／夜勤
	7:00	朝食	・移乗介助　・移動介助(食堂⇔居室等への誘導) ・食事介助(配膳、下膳) ・口腔ケア ・排泄介助 ・日誌の記録、申し送り⇒(夜勤業務終了)	
	8:00			
	9:00			
日中	10:00	お風呂	・排泄介助　・移動介助(浴室⇔居室等への誘導) ・入浴介助 ・水分補給	早番／日勤／遅番
	11:00			
	12:00	昼食	・移乗介助　・移動介助(食堂⇔居室等への誘導) ・食事介助(配膳、下膳) ・口腔ケア ・排泄介助	
	13:00			
	14:00	レクリエーション	・移動介助　・見守り	
	15:00	おやつ	・食事介助(配膳、下膳) ・水分補給 ・排泄介助 ・見守り ・日誌の記録、申し送り⇒(日勤業務終了)	
	16:00			
	17:00			
夜間	18:00	夕食	・移乗介助　・移動介助(食堂⇔居室等への誘導) ・食事介助(配膳、下膳) ・口腔ケア ・排泄介助 ・更衣介助	夜勤／準夜勤
	19:00			
	20:00			
	21:00	就寝	・臥床介助	
	22:00			
	23:00		・待機 ・見守り ・記録(排泄表、検温表、水分表、ヒヤリハット等) ・巡視 ・体位交換 ・排泄介助、おむつ交換	
	0:00			
	1:00			
	2:00			
	3:00			
	4:00			
	5:00			

入所施設で働いている介護福祉士の仕事は、シフト制で、日勤、早番、遅番、夜勤、準夜勤などに分かれています。

介護福祉士の一日（デイサービスの例）

8：30〜

利用者の送迎

利用者の家まで迎えに行きます。

9：00〜

健康のチェック

施設に着いたら、体温、血圧、脈拍などを測定します。（看護師が確認）

10：00〜

入浴介助

入浴の準備をして、衣服の着脱や入浴の介助をします。

11：30〜

食事介助

食事の準備や介助をしたり、見守りをしたりします。

13：00〜

レクリエーション・散歩など

レクリエーションや散歩、体操や機能訓練などをします。利用者に楽しんでもらいます。

15：00〜

おやつの時間

おやつの準備をします。
利用者に水分補給もしてもらいます。

16：00〜

帰宅の準備とトイレ誘導

帰宅の前にトイレへの誘導をします。

16：30〜

利用者の送迎

利用者のお宅まで送ります。家族に施設での様子を報告します。

17：00〜

一日の記録とミーティング

一日の記録を書き、ミーティングを行います。
そして、フロアの掃除と翌日の準備をします。

2 利用者とのコミュニケーション

　介護の仕事では、「人とコミュニケーションがうまくとれる」ということも大切な仕事です。

　では、どのようにコミュニケーションをとっていけばいいのでしょうか。まずは、利用者とのコミュニケーションについて考えてみましょう。

　介護の現場では、利用者と関わりあうときの動作の基本として、5つのことが大切にされています。イーガンという学者が提唱したSOLER（ソーラー）理論が基になっています。

S　(Squarely)：利用者とまっすぐに向き合う。
O　(Open)：開いた姿勢（腕や脚を組まないなど）。
L　(Lean)：相手へ少し身体を傾ける。
E　(Eye Contact)：適切に視線を合わせる（上から見下ろさないなど）。
R　(Relaxed)：リラックスして話を聴く。

『見て覚える！介護福祉士国試ナビ2021』中央法規出版より

　また、会話だけではなく、表情や態度、しぐさなども大切です。利用者への「声かけ」や「問いかけ」をする際、話を聞く際は、気をつけたいですね。

次のコミュニケーションのとり方は、いいでしょうか。悪いでしょうか。その理由も考えてみましょう。

① 声かけ

介護現場では、「声かけ」をとても大切に考えています。
一つ一つの動作の前に声かけをするようにし、次の点を心がけましょう。

①少し低めの声で話す ②はっきりと話す
③短く、わかりやすく話す ④ゆっくりと話す

また、利用者それぞれの症状に合わせた声かけも必要です。

声かけの基本的な表現

1. ～ませんか。／～ましょうか。(提案の表現)
例) 消灯の時間に

・そろそろお休みになりませんか。
・そろそろお部屋の電気を消しましょうか。

2. ～(て)はいかがですか。(提案の表現)
例) トイレへの誘導の際に

・お休み前にお手洗いに行ってはいかがですか。
・お食事の前にお手洗いはいかがですか。

3. ～ましょうね。(促しの表現)
例) 朝の時間帯に

・そろそろ朝食の時間ですね。テレビを消しましょうね。
・30分後に朝食ですから、着替えましょうね。

4. ～ていただけますか。(依頼の表現)
例) 着替えの際に

・ズボンを左足からはきます。左足を上げていただけますか。

朝と就寝のあいさつ

● 朝のあいさつ

〇〇さん、
おはようございます。

おはようございます。

よく眠れましたか。

はい。

体調はどうですか。

はい、
いいです。

・〇〇さん、お目覚めですか。

ぜひ、名前を呼んで
あげてくださいね！

・ゆっくりお休みになれましたか。
・ぐっすり寝られましたか。
・寝不足じゃありませんか。

・体調はいかがですか。
・お変わりありませんか。
・ご気分はいかがですか。

・いい天気ですよ。
・雨が降っていますね。

● 就寝のあいさつ

ゆっくり休んでくださいね。

ありがとう。

・おやすみなさい。
・ゆっくりお休みになってください。
・いい夢を見てくださいね。

・寒くないですか。
・暑くないですか。

・電気を消しますね。
・毛布（布団）をおかけします。

食事介助のときの声かけ

今日のメニューは〇〇です。

おいしそうだね。

少し熱いので、気をつけてください。

おう。

ゆっくり食べてくださいね。

うん。

おさげしますね。

ごちそうさま。

・献立を説明しますね。

・これは、〇〇ですよ。

日本の食事については、P14〜P19を見て、勉強してね。

・どうですか。

・おいしいですか。

・おいしそうですね。

・〇〇から食べましょうね。

答えに迷う「何から食べますか」より「〇〇から食べましょうね」の声かけのほうがいいですよ。

・ゆっくり召しあがってください。

・よく噛んでくださいね。

お食事は、急がせないで、ゆっくり楽しんでもらいましょう。

・全部食べられたんですね。

・きれいに召しあがりましたね。

・もう食べませんか。

・もう召しあがりませんか。

排泄介助のときの声かけ

お手洗いに行きませんか。

そうね。

・お手洗いに寄りませんか。
・お腹の調子はどうですか。
・お腹は張っていませんか。

トイレに行きやすいように、声かけをしましょう。

● 一部介助が必要なとき（移乗と衣服の着脱）

ゆっくり立ってください。

ズボンと下着をおろしますね。

ゆっくり座ってください。

・しっかりつかまっていてください。
・ゆっくり立ちましょう。

・ズボンと下着を失礼します。
・ズボンと下着をさげますね。

・ゆっくり座りましょう。
・ゆっくり腰をおろしてください。

● 排泄所の外から

ご自分でふかれましたか。

・いかがですか。
・大丈夫ですか。
・お手伝いしましょうか。
・少しだけ、お手伝いしてもよろしいですか。

お済みですか。

・終わりましたか。
・すっきりされましたか。
・近くにいますので、終わったら呼んでくださいね。

「おむつ」は、「下着」や「あてもの」というような言い方もします。

● おむつ交換のとき

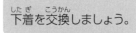

下着を交換しましょう。

・あてものを交換しましょう。
・下着の中を見てもよろしいでしょうか。
・下着をきれいにしてもよろしいでしょうか。

入浴介助のときの声かけ

そろそろお風呂の時間ですよ。

はい。

・お風呂の準備ができましたよ。
・お風呂に入りませんか。
・お風呂に入って、さっぱりしませんか。

お風呂をいやがる方には、「お風呂に入って、さっぱりしませんか」、「お風呂に入ると温まりますよ」と言うといいですよ。

・靴と服を脱ぎましょう。
・着替えはこちらに置いてください。
・お手伝いしましょうか。

● 脱衣所で

寒くないですか。
服を脱いで、このカゴに入れてくださいね。

● 浴室で（体を洗うとき）

お湯をおかけしますね。

・まず温度を確認しましょうね。
・お湯をおかけしますね。
・（お湯をかけて）いかがですか。
・（お湯をかけて）大丈夫ですか。

お手伝いしますね。

・洗いにくいところはありませんか。
・お手伝いしましょうか。
・背中を流しましょうか。

●浴室で（浴室内、湯舟内にいるとき）

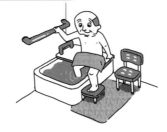

手すりをつかんで、ゆっくり入りましょう。

・滑りやすいので、気をつけてください。

・湯舟に入りましょう。
・お風呂に浸かりましょう。
・足元に気をつけてゆっくり入りましょう。

湯加減はいかがですか。

・ご気分はいかがですか。
・温まってくださいね。

・ゆっくり出てください。

●お風呂からあがって

髪を乾かしましょうね。

・おつかれさまでした。
・ご気分はいかがですか。
・さっぱりされましたか。
・ドライヤーをおかけしますね。
・髪をセットしますね。
・（ドライヤーは）熱くないですか。

・水分をとってくださいね。
・お水をどうぞ。

移動介助・移乗介助のときの声かけ

車いすに移りましょうか。

そうね。

・ベッドから移動しましょうか。
・車いすに座りましょうか。
・車いすへの移動をお手伝いしますね。

●一部介助のとき

お手伝いしますから、
車いすに移りましょう。

・では、ゆっくり立ちましょう。
・では、ゆっくり立ち上がりましょう。
・では、ゆっくり座りましょう。
・では、ゆっくり腰をおろしましょう。
・深く腰かけてください。

●全介助のとき

少し体の向きを変えますね。
車いすが見えますか。
ゆっくり座りましょう。
1、2の3。

1、2の3で前かがみになって、立ち上がりましょう。
1、2の3。大丈夫ですか。

全介助のときは、わかりやすく、しっかり、はっきり、声をかけるといいですね。

では、行きましょう。
ブレーキを外していただけますか。
押しますね。
このぐらいの速さで大丈夫ですか。

・座り心地はいかがですか。
・クッションをお使いになりますか。
・クッションは要りますか。
・ひざかけをお使いになりますか。
・ひざかけは要りますか。

更衣介助／着脱介助のときの声かけ

そろそろ着替えをしましょうか。

そうね。

今日は何を着ましょうか。

チェックのシャツにします。

お着替えお手伝いしますね。

あっ、ありがとう。

お似合いですね。

そう？ありがとう。

・パジャマを脱いで、着替えてはいかがですか。
・汗をかいているので、着替えましょうか。
・もうすぐお休みの時間なので、パジャマに着替えましょうか。

・今日は何を着られますか。
・今日はどの服になさいますか。
・今日は何をお召しになりますか。
・選ぶのをお手伝いしましょうか。

その日着る服は、介護士ではなく、利用者ご本人に決めてもらいましょう。

・お着替え、大丈夫ですか。
・難しいところはお手伝いしますね。
・上着から着替えましょうか。

・とてもお似合いですよ。
・おしゃれですね。
・素敵ですね。
・顔が明るく見えますね。

着替えたら、気持ちがよくなる一言があるといいですね。

◉練習しましょう1

 絵を見て声かけをしてみましょう。

①朝のあいさつ

②就寝のあいさつ

ありがとう。

③着脱介助のとき

白のシャツ
にします。

④着脱介助のとき

ありがとう。

⑤排泄介助のとき

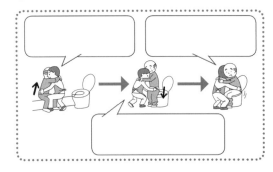

⑥排泄所の外から

?

いろいろな表現を使って声かけしてみよう！

練習しましょう2

絵を見て、介助の流れを考えて声かけをしてみましょう。

1. 食事介助のとき

2. 入浴介助のとき

② あいづち

利用者が安心して話をするためには、聞き手が「聞き上手」でなければいけません。それには、相手の話に合わせて、アイコンタクトをとったり、あいづちをうったりすることも大切です。

あいづちというのは、相手の話を聞き、「うん、うん」、「へえ〜」、「それは、いいですね」などと言ったり、うなずいたりすることです。

あいづちをうつことで、

> ・あなたの話をしっかり聞いていますよ。
> ・あなたと同じ気持ちや考えですよ。（共感・同意）
> ・あなたの話に関心があります。

などの意味を相手に伝えることができます。
人は話を聞いてもらえると、うれしくなりますよね。

話を聞いていますよ

夜、変な夢を見て……。

ええ、ええ。　へえ〜。　うん、うん。

共感・同意・関心がありますよ

今日は体調がいいの。

それは、いいですね。　そうですね。わかります。　〜んですか。　〜んですね。

共感・同意・関心を示すあいづち

1. そうですね。／わかります。

例）A：最近、急に寒くなって、いやだわ。

B：そうですね。／わかります。私も寒いのが苦手なんです。

2. それは～ですね。

例）A：来週、孫の誕生日だから、プレゼントを贈ろうと思っているの。

B：それは いい ですね。お孫さんもきっと喜ばれますよ。

例）A：きのう、息子に電話したんだけど、出なかったの。

B：それは 心配 ですね。今日、お電話がくるといいですね。

□ の中は、利用者の気持ちになって、言葉をかけるといいですね。

3. ～んですね。

例）A：（食事のとき）私、さばのみそ煮……嫌い！

B： さばのみそ煮が嫌い なんですね。

相手の言葉を繰り返して言うことで、関心を示しましょう。

4. ～んですか。

例）A：きのう、悪い夢を見て、眠れなかったの。

B： 眠れなかった んですか。どんな夢でしたか。

5. すごいですね。／さすがですね。

例）A：（レクリエーションのゲームで）できた！

B：すごいですね。／さすがですね。

◉練習しましょう1

利用者の話に合うあいづちをうってみましょう。

①
今日は寒いね……。

②
明日、
子どもが来るの。

③
折り紙、得意なんだ。

④
昔、
コックだったんだ。

⑤
ごちそうさま。
おいしかったわ。

うまく、
あいづちがうてるかな。

⑥
鳥を見るのが好きなんだ。

しっかり話を聞き、共感・同意・関心を表したあいづちが上手にうてるようになったかな？
あいづちがうてるようになったら、あいづちの後、利用者の気持ちになって、もう一言話ができるといいですね。
最後に少し、その練習をしてみましょう！

◉練習しましょう２

 利用者の話を聞いて、例のように、あいづちの後、もう一言話してみましょう。

例

今日も雨が降っているわね。

そうですね。
今日も散歩に行けないですね。

利用者が散歩を楽しみにしていることを、知っているから言える一言ですよね。

①

いいお湯だなあ。

それは、よかったですね。
_____

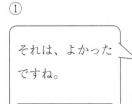

②

今日は疲れたなあ……。

疲れたんですね。
_____

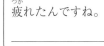

③

わっ、おいしそう！

そうですね。
_____

④

やっぱり、外は気持ちがいいなあ。

わかります。
_____

③ 質問の方法

利用者から情報を聞くためには、「質問上手」でなければいけません。介護の現場では、主に《閉じられた質問》と《開かれた質問》を使い、会話を進めます。

①閉じられた質問（クローズド・クエスチョン）
「はい」「いいえ」、または2～3語の短い単語で答えられる質問
（例：「旅行は好きですか」「ご出身はどちらですか」など）

②開かれた質問（オープン・クエスチョン）
相手が自由に答えることができる質問
（例：「どこへ旅行に行きたいですか」「どんな夢を見ましたか」など）

事実を確認する場合は、閉じられた質問。
情報をたくさん聞きたい場合は、開かれた質問。
2つの質問の方法を組み合わせて、上手に会話を進めましょう！

閉じられた質問

体調について質問をする。

○○さん、体調はいいですか。

熱はありませんか。

咳は出ますか。

喉は痛くないですか。

鼻水は出ていますか。

はい、いいです。

はい、ありません。

いいえ、出ていません。

はい、痛くありません。

いいえ、出ていません。

閉じられた質問は、あまり使いすぎると、利用者の気持ちを制限したり、一方的なやりとりになってしまいます。冷たい人だと思われるかもしれません。気をつけましょうね。

開かれた質問

きのうから今朝までの体調について質問をする。

○○さん、体調はいいですか。

きのうはどうでしたか。

ゆうべはいかがでしたか。

今朝は？

はい、きのうよりいいです。

きのうは、頭が痛くて、熱もあって、…

ゆうべも頭が痛くて…

今朝は大丈夫みたい…

開かれた質問は、利用者の気持ちを制限なく聞くことができますが、利用者自身が話を進める必要があるので、少し大変かもしれません。閉じられた質問も使って、利用者が話しやすくすることも大切ですね。

◎ **練習しましょう１**

  1. 次の質問は「閉じられた質問」か、「開かれた質問」か、答えましょう。

①年齢はおいくつですか。 （ 閉じられた質問 ／ 開かれた質問 ）
②ご出身はどちらですか。 （ 閉じられた質問 ／ 開かれた質問 ）
③鼻水は出ますか。 （ 閉じられた質問 ／ 開かれた質問 ）
④どのような症状ですか。 （ 閉じられた質問 ／ 開かれた質問 ）
⑤何時に食事を摂りましたか。 （ 閉じられた質問 ／ 開かれた質問 ）
⑥ご気分はいかがですか。 （ 閉じられた質問 ／ 開かれた質問 ）
⑦今、他に薬を飲んでいますか。 （ 閉じられた質問 ／ 開かれた質問 ）
⑧病気が治ったら、何をしますか。 （ 閉じられた質問 ／ 開かれた質問 ）

  2. 次の場面の場合、どんな会話のやりとりをしますか。指定された質問を使って、会話をしてみましょう。

> 場面：利用者の小松さんに呼ばれ、居室を訪ねる。どこかが痛いようなので状況を尋ねる。

介護士：小松さん、① _____。

小　松：２時間ほど前から、ちょっと頭ががんがんして……。

> 開かれた質問

介護士：そうですか。② _____。

> 開かれた質問

小　松：うーん、少し熱っぽい気がして……。

介護士：そうですか。じゃ、③ _____。

小　松：はい、お願いします。

> 閉じられた質問

介護士：看護師を呼んできますね。

＊＊＊＊＊＊＊＊＊＊＊＊＊＊＊＊＊＊＊＊＊＊＊＊＊＊＊＊

介護士：少し熱があるようですね。④ _____。

小　松：はい、そうします。

> 閉じられた質問

介護士：では、病院へ行く支度をしましょう。

◉ 練習しましょう２

「閉じられた質問」と「開かれた質問」をバランスよく使って、利用者と会話をしましょう。

例：体調について聞く

介護者：大野さん、体調はいかがですか。
利用者：少し、頭が痛くて……。
介護者：そうですか。寒気はありますか。
利用者：いいえ。
介護者：夜はどうでしたか。
利用者：あまり眠れなくて……。

①体調について聞く

介護者：大野さん、＿＿＿＿＿＿＿＿＿＿＿＿＿＿＿＿＿＿＿＿＿＿＿＿＿

利用者：＿＿＿＿＿＿＿＿＿＿＿＿＿＿＿＿＿＿＿＿＿＿＿＿＿＿＿＿＿

介護者：そうですか。＿＿＿＿＿＿＿＿＿＿＿＿＿＿＿＿＿＿＿＿＿＿

利用者：＿＿＿＿＿＿＿＿＿＿＿＿＿＿＿＿＿＿＿＿＿＿＿＿＿＿＿＿＿

介護者：＿＿＿＿＿＿＿＿＿＿＿＿＿＿＿＿＿＿＿＿＿＿＿＿＿＿＿＿＿

利用者：＿＿＿＿＿＿＿＿＿＿＿＿＿＿＿＿＿＿＿＿＿＿＿＿＿＿＿＿＿

介護者：＿＿＿＿＿＿＿＿＿＿＿＿＿＿＿＿＿＿＿＿＿＿＿＿＿＿＿＿＿

利用者：＿＿＿＿＿＿＿＿＿＿＿＿＿＿＿＿＿＿＿＿＿＿＿＿＿＿＿＿＿

②テレビを見ている利用者と話す

介護者：大野さん、_____

利用者：_____

介護者：そうですか。_____

利用者：_____

介護者：_____

利用者：_____

③いつも面会に来るお孫さんについて聞く

介護者：鈴木さん、_____

利用者：_____

介護者：へえ。_____

利用者：_____

介護者：_____

利用者：_____

3 職員とのコミュニケーション

　　介護の仕事では、一緒に働く職員とのコミュニケーションをうまくとることも重要です。

　　では、なぜ重要なのでしょうか。

　　利用者一人の介護には、たくさんの人が関わっています。ですから、自分が介護をしたときの利用者の様子や状況を、他の職員にきちんと伝えておく必要があります。自分が他の職員から、利用者について正しい情報をもらうことも同じですね。

　　もし、職員とコミュニケーションがうまくいかないと、どうなるでしょうか。

　　利用者にいい介護ができなくなったり、仕事がスムーズにできないなど、問題が起こります。

　　仕事の中では、「申し送り」や「記録」で、利用者の情報などを伝えます。また、「日常のコミュニケーション」も大切ですね！

 次の場面では、どんな情報を聞いたり、伝えたりしているでしょうか。
考えてみましょう。

1.

医者はどんなことを話している？

申し送りの場面

2.

職員はどんな情報を伝えている？

申し送りの場面

3.

記録の場面

どんなことを書いている？

① 申し送り

「申し送り」は、利用者の状況や、予定、注意することなどを口頭で伝えることです。
申し送りをするときは、「5W1H」のポイントを入れて話します。申し送りを聞く
ときも、このポイントに気をつけてメモをとります。
スタッフ間の申し送りは、引き継ぎの時間にすることが多いです。例えば、日勤の
スタッフと夜勤のスタッフが交替するときにします。

申し送りで使う言葉

●申し送りでよく使われている言葉を学びましょう。

確認（する）…確かめる
伊藤さんの荷物を確認しました。

報告（する）…状況や様子を伝える
平井さんの様子を、看護師に報告しました。

記入（する）…書類などに書く
持ちものに名前を記入していただいてください。

付き添い…誰かが一緒に行く
杉田さんは、ご家族が付き添いで受診します。

観察（する）…状況や様子をよく見る
発熱している利用者の観察を続けます。

発見（する）…見つける
ベッドから落ちているところを発見しました。

見守り…危ないことがないように状況や様子を見ること
歩行時、見守りをお願いします。

訪室（する）…利用者の部屋に行く
朝7時に訪室すると、起きていらっしゃいました。

こまめに…しょっちゅう
林さんの居室をこまめにのぞいてください。

引き続き…今もしているが、これからも続けて
きのうから下痢があります。
引き続き、排便の様子に気をつけてください。

申し送りで使う表現

1. ～(の)際／～時　　意味：～(の)とき

例）・入浴介助の際は、まず、介護士の手でお湯の温度を確認します。
　　・ご家族の来所時は、窓口で名前を記入していただきます。

2. ～たところ　　意味：～した結果、～がわかった

例）・高熱で、医者の診察を受けたところ、インフルエンザではなく風邪でした。

3. ～を訴える／～の訴えがある　　意味：～について強く言う

例）・利用者の相田さんは、足の痛みを訴えていました。
　　・利用者の山口さんから、胃の痛みの訴えがあります。

4. ～との指示・要望がある／～との指示・要望あり

意味：(職員)が～と指示を出した／(利用者)が～と希望している

例）・主治医より、安静が必要との指示がありました。／との指示あり。
例）・利用者の佐藤さんより、居室の温度を少し上げてほしいとの要望がありました／
　　との要望あり。

5. ～とのこと　　意味：(誰か)が～と言った

例）・看護師に報告したところ、氷枕を使ってくださいとのことでした。

6. ～を済ませる　　意味：～を終わらせる

例）・9時までに食事介助を済ませて、ホールにお連れしてください。

7. ～を実施(の)予定　　意味：～をする予定がある

例）・本日14時より、作業療法士によるリハビリを実施予定。

> 「～との指示あり」「～との要望あり」「～を実施予定」などの表現は、書き言葉ですが、申し送りのときにも使うことがあります。

申し送りを理解するポイントは、3つ！

　1．申し送りで使う言葉・表現がわかること！

　2．申し送りの流れを知ること！

　3．「5W 1H」でメモがとれること！

まずはこの3つで、「申し送りが聞ける」ようになりましょう。

これを繰り返していくと、「申し送りができる」ようになりますよ！

では、1つ目の練習を一緒に進めてみましょう。

◉ **練習しましょう1**《利用者の体調①》　　　　　※Webで音声が聞けます。 🔊01

 　1．申し送りを聞いてみましょう。聞こえた言葉を書き取ってみましょう。

| 森下　昨日午後　不調　腹つう |
| 下り……？　水分 |

ポイントの1つ目！
「申し送りで使う言葉・表現がわかること」
どんな言葉を使っていましたか？
どんな話かを想像してみましょう。

 　2．□□にトピックを書きましょう。

あいさつ	おはようございます。
日時	昨日午後に、
名前	201号室の森下さんが
昨日の利用者の様子	不調を訴えたため、
昨日の対応	受診したところ、風邪と診断を受けました。
今日の利用者の様子	現在も、腹痛、下痢、発熱、吐き気、嘔吐の症状が続いています。
今日の対応	水分補給をこまめに行ってください。
あいさつ	では、よろしくお願いします。

ポイントの2つ目！
「申し送りの流れを知ること」
何について、どのような順番で話していたか、確認しましょう。

3.「5W 1H」に気をつけて、大事なことをメモしましょう。

（利用者が）いつ：＿＿＿＿昨日午後＿＿＿＿＿＿＿＿＿＿＿

（利用者の）誰が：＿＿＿201 号室、森下さん＿＿＿＿＿＿＿

昨日の利用者の様子：＿＿＿不調を訴えた＿＿＿＿＿＿＿＿＿＿

昨日の対応：＿＿＿受診（診断は風邪）＿＿＿＿＿＿＿＿＿＿＿

今の利用者の様子：＿腹痛、下痢、発熱、吐き気、嘔吐の症状＿

介護士がこれからすること：＿＿水分補給をこまめに行う＿＿＿

> ポイントの3つ目！
> 「5W 1H でメモがとれること」
> 話の中の大事なことを、メモしましょう。
> 申し送りを全て書くのは大変です。
> 大切な言葉を書きましょう。

> ポイントを思い出して、先輩スタッフからの質問に答えましょう。

  4. 先輩スタッフの質問に答えましょう。

森下さんはどうしましたか？

①きのうの午後、不調を訴えました。

何をしましたか？

②受診をしたら、風邪との診断でした。

 5. 申し送りの文を読んでみましょう。

おはようございます。昨日午後に、201 号室の森下さんが不調を訴えたため、受診したところ、風邪と診断を受けました。現在も、腹痛、下痢、発熱、吐き気、嘔吐の症状が続いています。水分補給をこまめに行ってください。では、よろしくお願いします。

> 最後に、文を確認しましょう。
> スクリプトは、別冊にあります。
> 5W 1Hや流れを考えながら読んでみよう。

◉ 練習しましょう 2 《利用者の体調②》  ◀)02

 1. 申し送りを聞いてみましょう。聞こえた言葉を書き取ってみましょう。

2. [　　] にトピックを書きましょう。

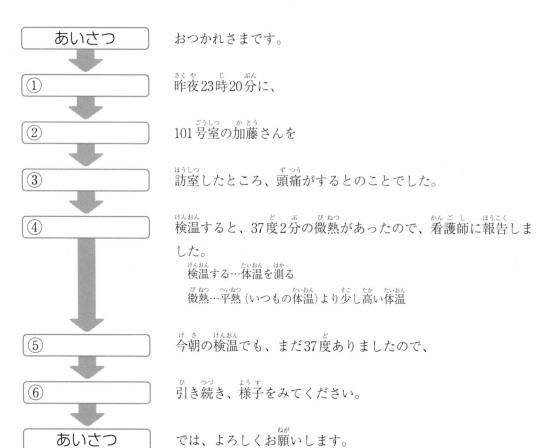

あいさつ	おつかれさまです。
①	昨夜23時20分に、
②	101号室の加藤さんを
③	訪室したところ、頭痛がするとのことでした。
④	検温すると、37度2分の微熱があったので、看護師に報告しました。 検温する…体温を測る 微熱…平熱 (いつもの体温) より少し高い体温
⑤	今朝の検温でも、まだ37度ありましたので、
⑥	引き続き、様子をみてください。
あいさつ	では、よろしくお願いします。

3. 「5W1H」に気をつけて、大事なことをメモしましょう。

（利用者が）いつ：①_____

（利用者の）誰が：②_____

利用者はどうした：③_____

介護士がしたこと：④_____

今の利用者の様子：⑤_____

介護士がこれからすること：⑥_____

 4. 先輩スタッフの質問に答えましょう。

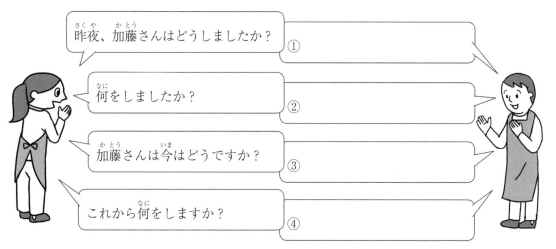

昨夜、加藤さんはどうしましたか？ ①

何をしましたか？ ②

加藤さんは今はどうですか？ ③

これから何をしますか？ ④

 5. 申し送りの文を読んでみましょう。 　　➡スクリプト：別冊P.15

● 練習しましょう3《病院受診》　◀)) 03

 1. 申し送りを聞いてみましょう。聞こえた言葉を書き取ってみましょう。

2. ◻ にトピックを書きましょう。

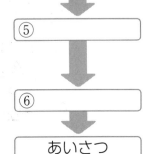

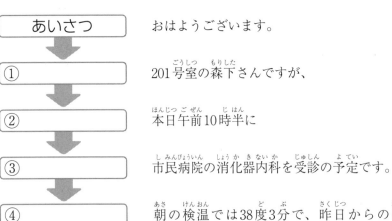

あいさつ	おはようございます。
①	201号室の森下さんですが、
②	本日午前10時半に
③	市民病院の消化器内科を受診の予定です。
④	朝の検温では38度3分で、昨日からの熱が続いています。 検温…体温を測ること
⑤	10時までに身支度とトイレを済ませ、玄関にお連れしてください。付き添いは看護師の高橋さんです。
⑥	戻りは12時の予定です。
あいさつ	では、よろしくお願いします。

3. 「5W 1H」に気をつけて、大事なことをメモしましょう。

（利用者の）誰が：①＿＿＿＿＿＿＿＿＿＿＿＿＿＿＿＿＿＿＿＿

今日の利用者の予定：②＿＿＿＿＿＿＿＿＿＿＿＿＿＿＿＿＿＿＿＿

今の利用者の様子：③＿＿＿＿＿＿＿＿＿＿＿＿＿＿＿＿＿＿＿＿

介護士がすること・担当者：④＿＿＿＿＿＿＿＿＿＿＿＿＿＿＿

  4. 先輩スタッフの質問に答えましょう。

森下さんの今日の予定は何ですか？　①

体調はどうですか？　②

これから何をしますか？　③

誰が一緒に行きますか？　④

 5. 申し送りの文を読んでみましょう。　→スクリプト：別冊P.15

● **練習しましょう４《ショートステイ》**　 04

 １．申し送りを聞いてみましょう。聞こえた言葉を書き取ってみましょう。

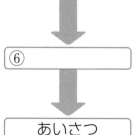 ２．□□□□にトピックを書きましょう。

| あいさつ | おはようございます。朝の申し送りを始めます。 |

↓

| ① | 佐藤光子さん、 |

↓

| ② | 本日よりショートステイを利用されます。10時半に、 |

↓

| ③ | 娘さんが付き添いでいらっしゃいます。 |

↓

| ④ | 山下さん、ご家族より荷物を預かり、チェック表に記入をしてください。 |

↓

| ⑤ | 佐藤さんの在宅での様子ですが、摂食時にむせ込みがあります。 |

　　摂食時…食事をするとき

　　むせ込みがある…喉に食べものや飲みものがつまって息苦しい状態

↓

| ⑥ | 誤嚥に十分気をつけてください。 |

　　誤嚥…飲み込んだものが間違って気道に入ってしまうこと

↓

| あいさつ | では、よろしくお願いします。 |

3. 「5W1H」に気をつけて、大事なことをメモしましょう。

（利用者の）誰が：①＿＿＿＿＿＿＿＿＿＿＿＿＿＿＿＿＿＿＿＿＿＿

今日の利用者の予定：②＿＿＿＿＿＿＿＿＿＿＿＿＿＿＿＿＿＿＿＿

利用者は誰と：③＿＿＿＿＿＿＿＿＿＿＿＿＿＿＿＿＿＿＿＿＿＿＿＿

介護士がこれからすること：④＿＿＿＿＿＿＿＿＿＿＿＿＿＿＿＿＿

利用者の様子と注意すること：⑤＿＿＿＿＿＿＿＿＿＿＿＿＿＿＿＿

  4. 先輩スタッフの質問に答えましょう。

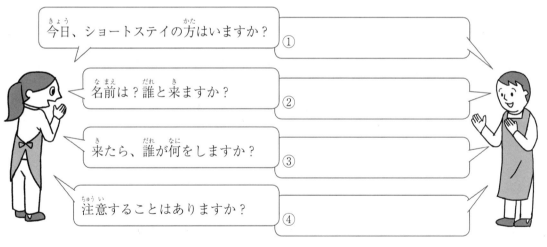

今日、ショートステイの方はいますか？　①

名前は？誰と来ますか？　②

来たら、誰が何をしますか？　③

注意することはありますか？　④

 5. 申し送りの文を読んでみましょう。　➡スクリプト：別冊P.16

● 練習しましょう 5《利用者の夜間の様子》　　　🔊 05

 1. 申し送りを聞いてみましょう。聞こえた言葉を書き取ってみましょう。

 2. ☐ にトピックを書きましょう。

(あいさつなし)	次に、
①	太田さんですが、
②	夜間2時に、
③	歩き回ったり、ものを収集したりする様子がみられました。
④	居室に戻るよう声をかけても拒否があったので、談話室に誘導しました。 拒否…何かすることをいやがること 誘導する…他の場所へ行くように誘う
⑤	しばらくすると居室に戻って、起床時間まで休んでいらっしゃいましたが、離床介助時には、寝不足だとおっしゃっています。
⑥	様子をみておいてください。
あいさつ	では、よろしくお願いします。

3. 「5W1H」に気をつけて、大事なことをメモしましょう。

（利用者の）誰が：①_____

（利用者が）いつ：②_____

夜間の利用者の様子：③_____

介護士がしたこと：④_____

その後の利用者の様子：⑤_____

介護士がこれからすること：⑥_____

 4. 先輩スタッフの質問に答えましょう。

太田さん、昨夜はどうでしたか？　①

何をしましたか？　②

それから太田さんはどうしましたか？　③

これから何をしますか？　④

 5. 申し送りの文を読んでみましょう。　➡スクリプト：別冊P.16

申し送りを理解するポイントの3つはわかったかな？

> 1. 申し送りで使う言葉・表現がわかること！
> 2. 申し送りの流れを知ること！
> 3. 「5W 1H」でメモがとれること！

現場で大切なことは、まず「申し送りが聞ける」ようになること！

それから、「申し送りができる」ようになることを目指しましょう！

最後に少し、その練習をしてみましょう！

◉ 練習しましょう6

  次のメモを見ましょう。他の人に、何と伝えますか。

①
> （利用者の）誰が：田中様
> （利用者が）いつ：午後
> 利用者の様子：レクリエーション⇒「歌いたくない」
> 　　　　　　　汗をかいていた
> 介護士がしたこと：清拭⇒田中さんさっぱりした顔

メモの言葉をつなげると、申し送りの文になります。文にしてみましょう。

_____

_____

_____

②
> （利用者の）誰が：森様
> （利用者が）いつ：午前　衣類着脱時
> 利用者の様子：「寒い、ぞくぞくする」
> 介護士がしたこと：検温 ⇒ 37度8分
> 今日の予定：入浴 ⇒ なし、清拭
> 介護士がこれからすること：こまめに居室、観察

_____

_____

_____

③

（利用者の）誰が：大山様
（利用者が）いつ：昼食
利用者の様子：主食・副食　少量、むせ込みあり
介護士がしたこと：介助⇒大山さん「いらない」⇒下膳

④

（利用者の）誰が：小野様
（利用者が）いつ：朝食前トイレ移動中
利用者の様子：ふらつきあり
介護士がしたこと：トイレでズボン上げ下ろし　介助
介護士がこれからすること：歩行時　見守り

これは、現場で活躍している外国人介護福祉士さんが、実際に申し送りを聞いたときのメモです。
大切なポイントが記入されていますね。
ある、ないを（＋）、（－）で書いたりするんですね。

ST 様　…　動作時 息切れ (+)　27日 座わっているだけでも (+)
26日 受診 きょうすい (+)・尿量 そくてい
フロセミッド すい加
離床時 息切れ (+)

OY 様　…　すいえん　27日 食事 良かった
いる 全 1/3 夕 ほぜん　IN 980
トイレ時 ふらつき (－) 安定
ADL低下 臥床時 車いす 方置
あさ 起床時 全介助

② 記録

「記録」は、利用者がどのように過ごしていたか、介護の内容、利用者の体調や様子が書いてあるもので、とても重要な資料です。記録によって、スタッフの間で情報を共有したり、利用者への介護の内容の見直しができたりします。

記録は、事実を書くことが一番大切です。
ポイントは次の通りです。

- 話したことや数字などを入れて具体的に書く
- 介護する人が感じたことや思ったことは書かない
- 一文は短く簡潔に書く
- できるだけ専門用語を使わないで書く

悪い例）夕食時、うれしそうに、魚を食べた。
いい例）夕食時、「私、魚が好きなの」と言って、自力で全量を摂取した。

記録には、いろいろな種類があります。
【日々の記録を残すもの】
業務日誌、介護記録（ケース記録）、ケアカンファレンス記録、排泄チェックシート、連絡ノート、申し送りノート、フェイスシート など
【報告書】
ヒヤリハット報告書、事故報告書 など

そして、自分で書くものもあれば、パソコンなどに入力をするものなどもあります。
自分が働く施設で、確認をしてみましょう。

介護記録の例

介護記録の1つの例です。

どんなことが書いてありますか？　どんな言葉で書いてありますか？

介護記録表

記録を書いた日

令和 元 年 5 月 1 日

ご利用者名　佐々木　もと子 様

利用者の名前

ご利用中の様子など				
健康チェック	時間	体温	血圧	脈拍
	7：00	36.2℃	110／90	65／min
	13：00	36.4℃	105／92	64／min
	20：00	36.2℃	105／90	65／min

1

水分摂取量	時間	量	
	7：00	150cc	
	10：30	200cc	
	12：30	150cc	
	15：00	200cc	
	18：00	150cc	
	20：30	150cc	計　1000cc

2

お食事	主食	副食	特記事項
朝	ⓦ／　割	全／7割	特変なく、一部介助で摂取しました。
昼	全／8割	ⓦ／　割	
間食	ⓦ／　割		
夕	全／9割	全／8割	

3

服薬	☑朝　☑昼　☑夕　□目薬　□その他

4

入浴	有・無・拒	特記事項
		一般浴で入浴しました。 身体に特変はありませんでした。 できるところはご自分で洗っていました。

5

排泄	排尿	排便	特記事項
	7回	1回	朝食後、「お腹が痛い」とおっしゃったので、 トイレ誘導し、少量の排便がありました。

6

ご様子	日中	他のご利用者や職員とお話ししていました。 夕方に、帰宅願望が強くなり不穏になっていました。
	夜間	眠れないとのことで、談話室へ誘導し過ごしました。 その後、居室へ戻り、眠っていました。

7

備考	

記入者名　　　タン　　　㊞

記録を書いた人の名前

それぞれの項目で、どんなことを書くのか、ポイント、書き方例などをみましょう！
ここでは、よく使う、シンプルな書き方を紹介しています。
これらを理解し、現場で慣れたらいろいろな表現を使っていきましょうね！

① 健康チェック

内容 ➡ 利用者が施設等にいる間の健康状態

	時間	体温	血圧	脈拍
健康チェック	7：00	36.2℃	110／90	65／min
	13：00	36.4℃	105／92	64／min
	20：00	36.2℃	105／90	65／min

「最高血圧／最低血圧」の順番で書きます。

体温、血圧、脈拍、呼吸数のことを「バイタルサイン」といって、体の状態を知るために大切な情報です。
そのうち、体温、血圧、脈拍を記入することが多いです。

関連する言葉

バイタルサイン＝バイタル、検温する、体温＝BT＝KT、血圧＝BP、脈拍数＝PR＝P、
血中酸素濃度＝SPO2

② 水分摂取量
<small>すいぶんせっしゅりょう</small>

内容<small>ないよう</small>　➡　水分を摂った時間と量<small>すいぶん と じかん りょう</small>

	時間<small>じかん</small>	量<small>りょう</small>	
水分摂取量 <small>すいぶんせっしゅりょう</small>	7：00	150cc	
	10：30	200cc	
	12：30	150cc	
	15：00	200cc	
	18：00	150cc	
	20：30	150cc	計<small>けい</small>　1000cc

水分をどのくらい摂っているのかは、大切な情報です！<small>すいぶん と たいせつ じょうほう</small>

吸い飲み<small>す の</small>

③食事

内容 ➡ 朝食、昼食、間食、夕食それぞれ、食べた量や、食べているときの様子など

お食事	主食	副食	特記事項
朝	㊎／　割	全／7割	
昼	全／8割	㊎／　割	特変なく、一部介助で摂取しました。
間食	㊎／　割		
夕	全／9割	全／8割	

主食、副食 書き方例
主食と副食、それぞれ食べた量を記入します。
全量・半量・少量
8割（＝80％）
2／3（3分の2）
未摂取、不摂取、完食

「特変なし」＝特別な
変化がないというこ
とです。
食事場面だけでなく、
介護現場ではよく使
う表現です！

特記事項 書き方例
・特変なく、自力で摂取しました。
・一部介助で摂取しました。
・(主菜・副菜)を(全量・半量)、残していました。

・むせあり。⇔むせなし。
・「私、魚が好きなの」と言って（おっしゃって）、口に運んでいました。
・5分ほどで箸を置きました。（食事をやめました）

記録を書くときに、敬
語を使うかどうかは、
施設によって違いま
す。確認しましょう。

関連する言葉

主菜、副菜、汁、汁物、デザート、水分、食事量、摂取する、摂取量、
配膳する⇔下膳する、とろみをつける、噛む＝咀嚼する、飲み込む＝嚥下する、誤嚥する、
喉につまる、むせる、口に運ぶ、箸を置く

④ 服薬（ふくやく）

内容（ないよう）　➡　（薬（くすり）を飲（の）む必要（ひつよう）があるとき）薬（くすり）を飲（の）んだか、チェックをする。
服薬（ふくやく）は、医師（いし）や看護師（かんごし）の指示（しじ）に従（したが）います。

服薬（ふくやく）	☑朝（あさ）	☑昼（ひる）	☑夕（ゆう）	□目薬（めぐすり）	□その他（た）

関連（かんれん）する言葉（ことば）

錠剤（じょうざい）

カプセル

粉薬（こなぐすり）／散剤（さんざい）

塗（ぬ）り薬（ぐすり）／軟膏（なんこう）

注射（ちゅうしゃ）

点滴（てんてき）

目薬（めぐすり）／点眼薬（てんがんやく）

⑤ 入浴

内容 ➡ 入浴をしたか、回数、入浴方法、入浴前・中・後の様子、身体の状況など

		特記事項
入浴	㊲・無・拒	一般浴で入浴しました。 身体に特変はありませんでした。 できるところはご自分で洗っていました。

有・無・拒 書き方

入浴をしたかどうか、〇をつけます。

入浴をした ⇒「有」

入浴は予定になかった ⇒「無」

入浴を拒否した ⇒「拒」

入所中の入浴回数や、入浴方法にチェックを入れる場合もあります。

特記事項 書き方例

・(入浴方法)で、入浴しました。
・拒否したため、明日に延期しました。
・身体に特変はありませんでした。
・入浴時、腰に発赤を発見しました。
・湯舟につかりながら、「気持ちがいい、天国だ」とおっしゃっていました。
・入浴後、「いいお湯だった」とおっしゃっていました。

・拒否したため、中止としました。
・特変なく、入浴しました。
・できるところは、ご自身で洗っていました。
・ラベンダーの香りの入浴剤を入れました。

関連する言葉

脱衣所、浴室、浴槽＝湯舟、湯(湯舟)につかる、入浴剤を入れる

入浴方法には、

一般浴　　　　リフト浴　　　　機械浴　　　　清拭

などがあります。

⑥ 排泄

内容 ➡ 排泄物の種類（尿・便）、回数、量、排泄物の状態、排泄時の様子など

排泄	排尿	排便	特記事項
	7回	1回	朝食後、「お腹が痛い」とおっしゃったので、トイレ誘導し、少量の排便がありました。

排尿 書き方例

[回数] ○回

[量] ○○cc、+++、++、+（尿量が多い⇔少ない）

排便 書き方例

[回数] ○回

[量] 多量・中量・少量、大・中・小、2L・L・M・S・SS・3S

[状態] 付（下着に付着）

　　● （排便あり）、ナ●（軟便）、ゲ●（下痢便）、ス●（水様便）、ミ●（未消化）

特記事項 書き方例

・起床後、トイレ（へ）誘導をしました。

・お手洗いまで、歩行見守りをしました。

・移乗介助で、お手洗いに座りました。

・尿失禁・便失禁あり。／尿失禁・便失禁がありました。／尿失禁・便失禁がみられました。

・（便の状態）がみられました。

・ポータブルトイレにて排泄しました。

・おむつ交換の際、腰に発赤を発見しました。

・「お腹が痛い」とおっしゃいました。／言いました。

関連する言葉

排尿（多量・中量・少量）、排便（普通便、軟便、下痢便、水様便、未消化便、不消化便）、便秘、下痢（気味）、失禁、尿失禁、便失禁、頻尿、おむつ、リハビリパンツ（リハパン）、パッド、ポータブルトイレ、おむつ交換、陰部洗浄、下剤

⑦ ご様子（日中・夜間）

内容 ➡ 利用者の施設での行動や活動、睡眠時の様子など

ご様子	**日中**	他のご利用者や職員とお話ししていました。 夕方に、帰宅願望が強くなり不穏になっていました。
	夜間	眠れないとのことで、談話室へ誘導し過ごしました。 その後、居室へ戻り、眠っていました。

日中 書き方例

・普段と変わりありませんでした。

・お元気に過ごしていらっしゃいました。

・（体調・症状）の様子はみられませんでした。

・他のご利用者や職員とお話しされていました。

・穏やかなご様子で、他のご利用者とお話ししていました。

・比較的落ち着いていました。

・レクリエーションに参加しました。

・テレビを見て過ごしました。

・ソファでテレビを見ながら、居眠りが多くみられました。

・夕方になると、帰宅願望が強くなり、不穏になっていました。

・17 時に「そろそろ帰らなきゃ」と玄関の前を行ったり来たりしていました。

夜間 書き方例

・特変なく、良眠していました。

・落ち着かない様子で、浅眠気味でした。

・就寝介助のため訪室すると、「眠れない」と不安そうにしていました。

・居室内を動き回り、落ち着かないご様子でした。

・眠れないとのことで、談話室へ誘導し過ごしました。

関連する言葉

談話する、落ち着いている、不穏になる、帰宅願望がある、居眠りする、
離床する、入床する、入眠する、良眠する、浅眠、断眠、いびきをかく、
訪室する、見回りする＝巡回する＝巡視する

報告書の例
（ほうこくしょ　れい）

最後に、報告書の一例として「事故報告書」を見てみましょう。
施設等で起こった事故は、必ず上司や都道府県に報告しなければなりません。何を、どのように、書くのでしょうか。

(別紙様式)

事故報告書

令和　　年　　月　　日

1 事業所の概要	法人名					
	事業所(施設)名			管理者・施設長名		㊞
	事業所番号					
	所在地	〒		電話番号		

		□ 介護給付　　　□ 予防給付
	サービス種類 (事故が発生した サービス)	□ 居宅介護支援　　□ 介護予防支援　　　□ 訪問介護　　　　□ 訪問入浴介護 □ 訪問看護　　　　□ 訪問リハビリ　　　□ 居宅療養管理指導　□ 通所介護 □ 通所リハビリ　　□ 短期入所生活介護　□ 短期入所療養介護　□ 福祉用具貸与 □ 特定福祉用具販売　□ 特定施設入居者生活介護　□ 介護老人福祉施設　□ 介護老人保健施設 □ 介護医療院　　　□ 定期巡回・随時対応型訪問介護看護　□ 認知症対応型共同生活介護　□ 小規模多機能型居宅介護 □ 地域密着型介護老人福祉施設入所者生活介護　□ 認知症対応型通所介護　□ 地域密着型特定施設入居者生活介護　□ 看護小規模多機能型居宅介護 □ 夜間対応型訪問介護　□ 地域密着型通所介護　□ その他

2 対象者	氏名(フリガナ)		年齢		性別		要介護度等	要支援　1・2 要介護 1・2・3・4・5
	介護保険被保険者番号			サービス提供開始日			年　　月　　日	
	住民票上の住所	〒　　-						

3 事故の概要	事故発生・発見日時	年　　月　　日　午前・午後　　時　　分頃　発生・発見				
	事故の場所	施設	居室　　トイレ　　食堂　　浴室(脱衣場・洗面所)　　階段　　廊下 訓練室(リハビリ室)　　その他屋内(　　　　　)　屋外(　　　　　)			
		居宅				
		その他				
	事故の種別 (複数の場合は、もっとも 症状の重いもの一か所に チェック)	□ 骨折 □ 打撲・捻挫・脱臼 □ 切傷・擦過傷 □ 異食・誤えん	□ やけど □ 食中毒 □ 誤薬 □ その他(	□ 感染症・結核 □ 職員の法令違反、不祥事 □ 外出(徘徊)		
	事故の原因	ア　従業者の直接行為によるもの　　　イ　介助中の注意不足によるもの ウ　従業者の見守り不十分によるもの　エ　福祉用具・施設整備不良 オ　その他(				
	事故の経緯	 (死亡の場合…死亡日時　　　　　　　　　)				

4 事故発生時の対応	対処の内容				
	受診した医療機関 (医療機関の 名称・所在地)		受診日時	月　　日　午前・午後　　時　　分	
			診断結果		
	家族への連絡及 び説明並びに家族 からの要望等	ア　　月　　日　　時頃　(　　　　)が(　　　　)へ　　　　　により説明済み イ　未実施　(理由:　　　　　　　　　　　　　　　　　　　　　　　) 家族からの要望、苦情等(　　　　　　　　　　　　　　　　　　　　　)			
	連絡済の関係機関	ア　警察への連絡　(不要・済)　　イ　保健所への連絡　(不要・済) ウ　その他(ケアマネージャー・ケースワーカー等)(　　　)へ　　　により連絡済み			

5 事故後の状況	損害賠償等の状況	ア　損害賠償保険を利用　　　　イ　検討・交渉中 ウ　賠償なし　(理由:　　　　　　　　　　　　　　　　　　　)	
	利用者の状況	(利用者の現状等)	

6 事故の原因分析及 び再発防止策	(できるだけ具体的に記載すること)

注)記載しきれない場合は、任意の別紙に記載の上、この報告書に添付してください。

● 練習しましょう

 次のページの「水田一郎さんの一日」を見ながら、介護記録表を書いてみましょう。

介護記録表

令和　　年　　月　　日

ご利用者名 ＿＿＿＿＿＿＿＿＿様

ご利用中の様子など				
	時間	体温	血圧	脈拍
健康チェック	：	℃	／	/min
	：	℃	／	/min
	：	℃	／	/min

水分摂取量	時間	量		
	7：30	cc		
	10：15	cc		
	12：00	cc		
	14：30	cc		
	15：00	cc		
	18：30	cc		
	21：30	cc	計	cc

お食事	主食	副食	特記事項
朝	全／　割	全／　割	
昼	全／　割	全／　割	
間食	全／　割		
夕	全／　割	全／　割	

服薬	□ 朝	□ 昼	□ 夕	□ 目薬	□ その他

入浴	有 ・ 無 ・ 拒	特記事項

排泄	排尿	排便	特記事項
	回	回	

ご様子	日中	
	夜間	

備考	

記入者名 ＿＿＿＿＿＿＿＿＿＿＿＿＿ ㊞

水田一郎さんの一日
（みず た いちろう）（いちにち）

時間		内容
朝	6：00	・起床
	7：00	・トイレへ行く（尿） ・朝ご飯、お茶200cc
	8：00	・薬を飲む ・看護師が健康チェック
	9：00	
日中	10：00	・トイレへ行く（尿） ・お風呂へ行く ・お風呂から出て、水150cc
	11：00	・トイレへ行く（尿） ・お昼ご飯、お茶200cc
	12：00	
	13：00	・看護師が健康チェック
	14：00	・レクリエーション ・お茶200cc ・トイレへ行く（尿） ・おやつ、お茶150cc
	15：00	
	16：00	・ホールで過ごす（ソファで居眠り）
	17：00	
夜間	18：00	・トイレへ行く（尿・便） ・晩ご飯、お茶200cc
	19：00	・薬を飲む
	20：00	・看護師が健康チェック
	21：00	・トイレへ行く（尿） ・お茶150cc
	22：00	・就寝：寝る前に言ったこと⇒
	23：00	・トイレへ行く（尿）
	0：00 〜 5：00	・よく寝ている

全部食べましたね！（ぜん ぶ た）

KT 36.6
BP 120 と95
P 57

気持ちいい！（き も）

おかずが1／10残りましたね。（のこ）

KT 36.4
BP 110 と92
P 60

いい汗をかいた！（あせ）

半分残しました。（はんぶんのこ）

全部食べました。少しお手伝いしました。（ぜん ぶ た）（すこ）（て つだ）

中くらいの便が出ました。（ちゅう）（べん）（で）

KT 36.5
BP 110 と95
P 60

たまには散歩に行きたいな。（さん ぽ）（い）

④ 家族とのコミュニケーション

福祉施設などでは、利用者の家族とコミュニケーションをとる場面も多いです。
　家族は、入所している利用者がどのように過ごしているか、何か変わったことはないかなど、いろいろと気になりますよね。家族との信頼関係は、よりよい介護サービスの提供につながります。
　まずは、笑顔であいさつすることが大切です！

 家族とコミュニケーションをとるのは、どんな場面でしょうか。

利用者の様子を伝える場面

1.

_____とき

2.

_____とき

3.

_____とき

家族からもらいものをする場面

① 利用者の様子を伝える場面
（家族の来所時・家族への報告・家族との電話）

母の様子はどうですか。

[元気な様子・変わりないとき]
・お元気でいらっしゃいます（よ）。
・お変わりありません（よ）。
　元気に過ごされています（よ）。

[変わった様子があるとき]
・最近、少し、膝の調子が悪いようです。
・最近、よく膝が痛いと訴えていらっしゃいます。

◉ 練習しましょう

絵を見て、利用者の様子を伝えましょう。

①

②

③
問題なし

父・母の様子はどうですか。

いろいろな表現を使ってみましょう！

93

② 家族からもらいものをする場面

よろしければ、皆さんでどうぞ。

[もらいものを断るとき]
・お気持ちだけ頂戴いたします。ありがとうございます。
・施設のルールでいただけないことになっているんです。
・お気遣い (を) ありがとうございます。

[もらいものを受け取るとき]
・ありがたく頂戴いたします。
・ご丁寧にありがとうございます。頂戴いたします。
・お気遣い (を) ありがとうございます。

もらいものを受け取るかどうかは、施設によって考え方があります。
自分が働く施設で、確認しましょう。
どちらにしても、感謝の気持ちを持って、丁寧なお辞儀も大切にしましょう！

◉ 練習しましょう1

 絵を見て返事をしてみましょう。

①もらいものを受け取るとき

よろしければ、どうぞ。

②もらいものを断るとき

皆さんでどうぞ。

● 練習しましょう2

1. 利用者の家族が来所しました。どのような話をしていますか。下線の内容に注意して読んでみましょう。

家　族：こんにちは。いつも父がお世話になっております。

介護士：鈴木様、こんにちは。今日はご面会ですか。

家　族：はい、先週は忙しくて来られなかったものですから……。

介護士：お父様、とても喜ばれるでしょうね。

家　族：はい、ありがとうございます。

　　　　ところで、最近、父の様子はどうですか。

介護士：お変わりありませんよ。元気に過ごされていますよ。

家　族：そうですか。安心しました。いつもありがとうございます。

　　　　これ……よかったら、皆さんでどうぞ。

介護士：実は、施設のルールでいただけないことになっているんです。お気遣いありがとうございます。

家　族：そうですか。じゃ、また父のことをよろしくお願いします。

介護士：はい。お父様は、今お部屋にいらっしゃいますよ。ゆっくりお過ごしください。

2. 介護士になって、会話をしてみましょう。

家　族：こんにちは。いつも①＿＿＿＿＿がお世話になっております。

介護士：②＿＿＿＿＿様、こんにちは。今日はご面会ですか。

家　族：はい、先週は忙しくて来られなかったものですから……。

介護士：③＿＿＿＿＿さん、とても喜ばれるでしょうね。

家　族：はい、ありがとうございます。

　　　　ところで、最近、④＿＿＿＿＿の様子はどうですか。

利用者の様子について、
何と答える？

介護士：⑤＿＿＿＿＿＿＿＿＿＿＿＿＿＿＿＿＿＿＿＿＿＿＿

家　族：⑥＿＿＿＿＿＿＿＿＿＿＿＿＿＿＿＿いつもありがとうございます。

介護士の話を聞いた感想は？

施設の対応は？

　　　　これ……よかったら、皆さんでどうぞ。

介護士：⑦＿＿＿＿＿＿＿＿＿＿＿＿＿＿＿＿＿＿＿＿＿＿＿

家　族：⑧＿＿＿＿＿＿＿＿＿じゃ、また⑨＿＿＿＿＿のことをよろしくお願いします。

介護士：はい。⑩＿＿＿＿＿＿＿＿＿＿＿＿＿＿ゆっくりお過ごしください。

もう一言、添えてみよう！

5 介護現場で使う表現　オノマトペ

上の絵を日本語でどう説明しますか。

頭が……？車いすから落ちそうな利用者を見て……？どんな歩き方をしていますか……？

物や動物が出す音や、気持ちや状態を言葉にしたものを「オノマトペ」といいます。日常生活でも、介護の現場でもたくさん使われていて、状況や状態をもっと詳しく伝えられることもあります。

覚えて使っていきましょう！

 次の絵は、どんなことを表しているでしょうか。考えてみましょう。

① 体調に関するオノマトペ

体のどの部分や部位と一緒に使うオノマトペなのかが重要です！

お腹がごろごろする

ごろごろする
…下痢気味の様子

胃が**むかむか**する

体が**ぞくぞく**する

むかむかする
…吐き気がする様子

ぞくぞくする
…寒気がする様子

ひりひりする
…火傷などで熱を
持って、痛い様子

かさかさする
…皮膚が乾燥している様子

腕が**ひりひり**する

肌が**かさかさ**する

・高橋さんは、お腹が**ごろごろする**と言って、何度もお手洗いに行っています。
・田辺さんは、ゆうべ天ぷらを食べて、胸が**むかむかする**とのことです。
・斎藤さんは熱が上がってきたようです。体が**ぞくぞくする**と言っています。
・きのう、熱いやかんを触って火傷をしてしまい、今も腕が**ひりひり**します。
・冬は特に肌が**かさかさ**しやすいので、クリームをこまめに塗っています。

がんがんする
…頭が痛い様子

ずきずきする
…頭や歯など体の一部が
痛い様子

むずむずする
…鼻が少しつまって
かゆい様子

・何かで殴られているように頭ががんがんして、ゆうべはほとんど寝られませんでした。
・頭が割れそうなくらいずきずきします。
・利用者から歯がずきずきすると訴えがあり、歯科を受診しました。
・花粉症なので、春はいつも鼻がむずむずしています。

いがいがする
…喉に小さいものが
あって刺さるような感じ

ぜーぜーする
…息がしづらくて、
喉に何かつまったような
音が出る様子

こんこんと
…乾いた咳が出る様子

・風邪の引き始めかもしれません。喉がいがいがします。
・呼吸がぜーぜーしていて、息苦しそうです。
・熱は下がったが、咳がこんこんと続いています。

◉ **練習しましょう**

1. どんなオノマトペですか。絵を見て書きましょう。

① 体が＿＿＿＿＿＿する

② 鼻が＿＿＿＿＿＿する

③ 咳が＿＿＿＿＿＿と出る

④ 胃が＿＿＿＿＿＿する

⑤ 腕が＿＿＿＿＿＿する

⑥ 喉が＿＿＿＿＿＿する

⑦ 頭が＿＿＿＿＿＿する

⑧ 呼吸が＿＿＿＿＿＿する

2. 何と言いますか。例のように、答えましょう。

例

どうなさいましたか。

きのう、アイスクリームを食べすぎ＿＿＿＿＿て、
お腹がごろごろする＿＿＿＿んです。

① どうなさいましたか。

＿＿＿＿＿＿＿＿＿＿て、
＿＿＿＿＿＿＿＿＿＿んです。

② どうなさいましたか。

＿＿＿＿＿＿＿＿＿＿で、
＿＿＿＿＿＿＿＿＿＿んです。

② 様子に関するオノマトペ

次は人の様子を表すオノマトペ！
どんな場面で使っているかに注意して覚えましょう。

ゆっくり (と)
ゆっくり (と) (～する)

のんびり (と)する
のんびり (と)過ごす

ゆっくり(と)する
ゆっくり(と)(～する)
…急がないで何かをする様子

のんびり(と)する
のんびり(と)(～する)
…心身を楽にしている様子

ぼんやり (と)する
ぼーっとする

ぼんやり(と)する
ぼーっとする
…・気持ちが集中していない様子
・元気がなくて、意識や記憶
　がはっきりしていない様子

うとうとする
…眠りかけていたり、
　浅く眠っている様子

うとうとする

こっそり (と)

こっそり(と)
…人に知られないように、
　何かをする様子

- 林さんは立ち上がると、**ゆっくり (と)** 歩き出しました。
- 吉田さんは、休日は家で**のんびり (と)** 過ごしているそうです。
- 井上さんは、窓の外を見ながら**ぼんやり (と)** しています。
- 近藤さんが、ホールで**うとうと**していたので、居室にお連れしました。
- あ、ごみ箱に空の袋が……。石川さんは夜中に**こっそり (と)** お菓子を食べたようです。

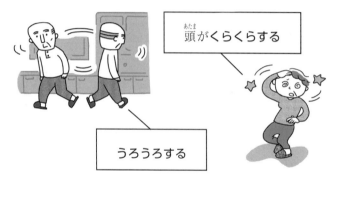

うろうろする

…目的がなく、広くない同じ
範囲を動き回る様子

くらくらする

…めまいがして、立っていること
ができなかったり、周りがぐ
るぐると回っているように感
じる様子

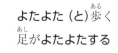

よたよた(と)する

…足に力が入らなくて、
歩きにくい様子

ふらふらする

…体に力が入らない様子

・朝から落ち着かないようで、中村さんはホールをずっと**うろうろ**しています。
・急に立ち上がったら、頭が**くらくら**しました。
・父は最近、足が**よたよた**していて、外出が少し心配です。
・和田さんは、足取りが少し**ふらふら**しているので、見守りをお願いします。

そっと

…静かにやさしく動く様子

さっさと

…早く動く様子

・居室へ行くと森田さんは昼寝をしていたので、**そっと**毛布をかけました。
・小林さんは**さっさと**仕事を済ませて、居室を出ていきました。

◉練習しましょう

 1. どんなオノマトペですか。絵を見て書きましょう。

① ＿＿＿＿＿＿＿歩く

② ＿＿＿＿＿＿＿＿＿

③ ＿＿＿＿＿＿＿＿＿

④ ＿＿＿＿＿＿＿食べる

⑤ ＿＿＿＿＿＿＿＿＿

⑥ ＿＿＿＿＿＿済ませる

⑦ ＿＿＿＿＿＿＿＿＿

⑧ ＿＿＿＿＿＿＿＿＿

⑨ ＿＿＿＿＿＿＿歩く

⑩ 毛布を＿＿＿＿かける

⑪ 足取りが＿＿＿＿＿＿

 2. 介護士はどんなことを考えていますか。例のように、＿＿＿に入るオノマトペを考えましょう。

例

わかりやすいように＿ゆっくり＿
話そう。

①

田中さんが＿＿＿＿＿＿＿している……。

②

内田さんの足が
＿＿＿＿＿＿＿していて心配……。

③ 気持ちに関するオノマトペ

どんな気持ちのときに使うオノマトペなのか、考えながら勉強しましょう！

胸がどきどきする
心臓がどきどきする

胸がわくわくする

どきどきする
…・運動して心臓の動きが速く
なる様子
・緊張して心臓の動きが速く
なる様子

わくわくする
…楽しいことを期待して、心が
落ち着かない様子

うきうきする

ほっとする

うきうきする
…うれしくて、気持ちが
弾む様子

ほっとする
…心配がなくなって、
安心する様子

・斉木さんは、昔の恋人を思い出すと胸が**どきどきする**と言って、笑っています。
・斉木さんは、「週末の外出が楽しみで、胸が**わくわくしている**」と言っていました。
・佐藤さんは、明日お孫さんが遊びに来るそうで、**うきうきしている**。
・心配していたお孫さんの就職試験が無事に終わって、**ほっとした**様子でした。

びっくりする
…何かに驚く様子

いらいらする
…何かがうまく進まなくて、気持ちが落ち着かない様子

ひやりとする／ひやっとする
…驚いたり、恐いと感じる様子

はっとする
…考えもしなかったことを見たり、聞いたりして、強く驚く様子

・認知症の祖父が急に子どものころの話をし始めて、**びっくり**したよ。
・森田さんはリハビリの積み木がうまく積めなくて、**いらいら**しているようです。
・藤田さんが車いすから落ちそうになって、**ひやっと**しました。
・転びそうな藤田さんの姿を見て、**はっと**してかけよりました。

◉ 練習しましょう1

 1. どんなオノマトペですか。絵を見て書きましょう。

①

②

③

胸が＿＿＿＿＿＿＿＿＿

＿＿＿＿＿＿＿＿＿　　　＿＿＿＿＿＿＿＿＿

④

⑤

⑥

胸が＿＿＿＿＿＿＿＿＿

＿＿＿＿＿＿＿＿＿　　　＿＿＿＿＿＿＿＿＿

⑦

⑧

＿＿＿＿＿＿＿＿＿　　　＿＿＿＿＿＿＿＿＿

 2. 例のように、オノマトペを使って返事をしましょう。

例

レストランで、注文してから30分も待ったんだ。

それは　いらいらしました　ね。

①

明日、家族から小包が届くんだ。

それは＿＿＿＿＿＿ね。

②

さっき、転びそうになって……。

それは＿＿＿＿＿＿ね。

◉練習しましょう2

勉強したオノマトペを使って、表現してみましょう！

これは介護施設のホールの様子です。絵を見て、体調、気持ち、様子を書きましょう。

① 中村さんは、＿＿＿＿＿＿＿＿＿＿＿＿＿＿＿＿＿＿＿＿＿＿＿＿＿。

② 内田さんは、＿＿＿＿＿＿＿＿＿＿＿＿＿＿＿＿＿＿＿＿＿＿＿＿＿。

③ 田中さんは、＿＿＿＿＿＿＿＿＿＿＿＿＿＿＿＿＿＿＿＿＿＿＿＿＿。

④ 私は、＿＿＿＿＿＿＿＿＿＿＿＿＿＿＿＿＿＿＿＿＿＿＿＿＿＿＿＿＿。

⑤ ＿＿＿＿＿＿＿は、＿＿＿＿＿＿＿＿＿＿＿＿＿＿＿＿＿＿＿＿＿＿＿。

⑥ ＿＿＿＿＿＿＿は、＿＿＿＿＿＿＿＿＿＿＿＿＿＿＿＿＿＿＿＿＿＿＿。

付録　敬語

●敬語の種類

尊敬語	→	相手の動作に対して使います。3種類あります。
謙譲語	→	自分の動作に対して使います。2種類あります。
丁寧語	→	丁寧に言うときに使います。「です」「ます」の形です。
美化語	→	きれいに言うときに使います。言葉に「お」「ご」をつける形です。

●尊敬語

1）れる／られる

基本形	尊敬語	例文
飲みます	飲まれます	高橋さんは、毎食熱いお茶を飲まれます。
話します	話されます	杉田さんは、よくお孫さんのことを話されます。
過ごします	過ごされます	午前中は、ホールで読書をして過ごされました。
起きます	起きられます	田中さんは7時に起きられました。
します	されます	午後、馬場さんは外出されます。

2）お〜になる

基本形	尊敬語	例文
休みます	お休みになります	少し疲れたので、居室でお休みになるそうです。
入ります	お入りになります	湯舟にゆっくりお入りになりました。
使います	お使いになります	スプーンをお使いになって、召しあがりました。

3）特別な尊敬語

基本形	特別な尊敬語	例文
行きます	いらっしゃいます	受診のため、10時に病院へいらっしゃいます。
来ます	いらっしゃいます	13時に中野さんのご家族がいらっしゃいます。
います	いらっしゃいます	太田さんは、談話室にいらっしゃいます。
します	なさいます	佐藤さんは毎朝、体操をなさっています。
言います	おっしゃいます	「今日の敬老会が楽しみだ」とおっしゃっていました。
見ます	ご覧になります	ご家族の写真をうれしそうにご覧になっていました。
寝ます	お休みになります	「少し疲れた」と言って、居室でお休みになっています。
食べます・飲みます	召しあがります	主食も副食も全量、召しあがりました。

知っています	ご存じです	来週のイベントについて、ご存じですか。
もらいます	お受け取りになります	お孫さんからのプレゼントをお受け取りになって、お喜びでした。

●謙譲語

1）お／ご～する

基本形	謙譲語	例文
持ちます	お持ちします	お荷物をお持ちします。
送ります	お送りします	玄関まで、お送りします。
説明します	ご説明します	ご家族に、ご説明しました。
連絡します	ご連絡します	電話でご連絡しておきます。

2）特別な謙譲語

基本形	特別な謙譲語	例文
行きます・来ます	参ります	朝食の時間になったら、また参りますね。
います	おります	事務所におりますので、声をかけてください。
します（～します）	いたします（～いたします）	お手伝いいたしましょうか。
言います	申します	ベトナムから来たタンと申します。
聞きます	伺います	ご家族に、利用者の自宅での様子を伺いました。
見ます	拝見します	利用者のご家族からの手紙を拝見しました。
見せます	ご覧にいれます	利用者に、母国の家族の写真をご覧にいれました。
食べます・飲みます	いただきます	休憩中、お土産のお菓子をいただきました。
知っています	存じています	藤田さんの食べものの好みを存じています。
知りません	存じません	佐藤さんのご家族のことは、私は存じません。
会います	お目にかかります	お目にかかれて、うれしいです。
もらいます	いただきます	誕生日に、利用者から、誕生日カードをいただきました。

利用者や家族に、敬語を使ってみましょう！

109

著者紹介

三橋麻子（みつはし　あさこ）
　　資格の大原「介護の日本語」教師養成講座講師

　2009年よりEPAで来日した介護福祉士候補者への日本語指導を通じ、「介護の日本語」という専門日本語教育の必要性を痛感し、介護施設の協力を得ながら「介護の日本語」の学習項目・指導法・カリキュラムを構築し、現場重視の実践的な教授方法を研究してきた。これまでに、東京都と首都大学東京による公学連携事業「アジアの日本の将来を担う看護・介護人材の育成事業」のEPA候補者への介護の日本語部門、大原簿記学校ビジネス日本語（介護福祉士進学コース）などを担当、現在も社会福祉法人さつき会にてEPA介護福祉士候補者への指導の他、「介護の日本語」教師養成にも力を入れている。また、技能実習生、特定技能外国人への学習支援にも着手している。著書に「はじめて学ぶ介護の日本語」シリーズの『基本のことば』、『基本の知識』（共にスリーエーネットワーク）、『身近なテーマから広げる！にほんご語彙力アップトレーニング』（アスク出版）、『介護と看護のための日本語教育実践　現場の窓から』（ミネルヴァ書房）がある。本書では、主に「Part 2 コミュニケーション」を執筆。

丸山真貴子（まるやま　まきこ）
　　明海大学別科日本語研修課程非常勤講師
　　学校法人大原学園 大原簿記学校非常勤講師
　　資格の大原「介護の日本語」教師養成講座講師

　三橋と同職に従事、以来、三橋と二人三脚で専門日本語教育としての「介護の日本語教育」を確立させてきた。著書に「はじめて学ぶ介護の日本語」シリーズの『基本のことば』、『基本の知識』（共にスリーエーネットワーク）、『身近なテーマから広げる！にほんご語彙力アップトレーニング』（アスク出版）、『介護と看護のための日本語教育実践　現場の窓から』（ミネルヴァ書房）がある。本書では、主に「Part 2 コミュニケーション」を執筆。

堀内貴子（ほりうち　たかこ）
　　東京成徳大学国際学部非常勤講師
　　明海大学複言語・複文化教育センター非常勤講師
　　水野外語学院非常勤講師

　「介護の日本語」は大原簿記学校ビジネス日本語（介護福祉士進学コース）にて従事し、著書に「はじめて学ぶ介護の日本語」シリーズの『基本のことば』（スリーエーネットワーク）がある。本書では、「Part 1 生活知識」を執筆。

鈴木健司（すずき　けんじ）

　これまでに、大原学園内で行われてきた「介護の日本語」ワークショップや資格の大原「介護の日本語」教師養成講座のコーディネート、また大原簿記学校ビジネス日本語（介護福祉士進学コース）の責任者として従事。介護職員初任者研修修了。『日本語能力試験日本語パワードリル N1 〜 N3 文字・語彙』（アスク出版）監修。本書では、「Part 1 生活知識」を執筆。

著者
三橋麻子
丸山真貴子
堀内貴子
鈴木健司

校閲
剣持敬太、加藤安理佐、齋藤友美（社会福祉法人さつき会 特別養護老人ホーム 袖ケ浦菜の花苑）

イラスト
椛島麻以

装丁・本文デザイン
株式会社オセロ

はじめて学ぶ介護の日本語
生活知識とコミュニケーション

2020 年 10 月 2 日　初版第 1 刷発行
2022 年 11 月 21 日　第 2 刷 発 行

著　者　　三橋麻子　丸山真貴子　堀内貴子　鈴木健司
発行者　　藤嵜政子
発　行　　株式会社スリーエーネットワーク
　　　　　〒102-0083　東京都千代田区麹町 3 丁目 4 番
　　　　　　　　　　　トラスティ麹町ビル 2 F
　　　　　電話　営業　03（5275）2722
　　　　　　　　編集　03（5275）2725
　　　　　https://www.3anet.co.jp/
印　刷　　三美印刷株式会社

ISBN978-4-88319-847-4　C0081

■ 新完全マスターシリーズ

● 新完全マスター漢字
日本語能力試験 N1
　1,320円（税込）（ISBN978-4-88319-546-6）
日本語能力試験 N2（CD付）
　1,540円（税込）（ISBN978-4-88319-547-3）
日本語能力試験 N3
　1,320円（税込）（ISBN978-4-88319-688-3）
日本語能力試験 N3 ベトナム語版
　1,320円（税込）（ISBN978-4-88319-711-8）
日本語能力試験 N4
　1,320円（税込）（ISBN978-4-88319-780-4）

● 新完全マスター語彙
日本語能力試験 N1
　1,320円（税込）（ISBN978-4-88319-573-2）
日本語能力試験 N2
　1,320円（税込）（ISBN978-4-88319-574-9）
日本語能力試験 N3
　1,320円（税込）（ISBN978-4-88319-743-9）
日本語能力試験 N3 ベトナム語版
　1,320円（税込）（ISBN978-4-88319-765-1）
日本語能力試験 N4
　1,320円（税込）（ISBN978-4-88319-848-1）

● 新完全マスター読解
日本語能力試験 N1
　1,540円（税込）（ISBN978-4-88319-571-8）
日本語能力試験 N2
　1,540円（税込）（ISBN978-4-88319-572-5）
日本語能力試験 N3
　1,540円（税込）（ISBN978-4-88319-671-5）
日本語能力試験 N3 ベトナム語版
　1,540円（税込）（ISBN978-4-88319-722-4）
日本語能力試験 N4
　1,320円（税込）（ISBN978-4-88319-764-4）

● 新完全マスター単語
日本語能力試験 N1 重要2200語
　1,760円（税込）（ISBN978-4-88319-805-4）
日本語能力試験 N2 重要2200語
　1,760円（税込）（ISBN978-4-88319-762-0）

改訂版　日本語能力試験 N3 重要1800語
　1,760円（税込）（ISBN978-4-88319-887-0）
日本語能力試験 N4 重要1000語
　1,760円（税込）（ISBN978-4-88319-905-1）

● 新完全マスター文法
日本語能力試験 N1
　1,320円（税込）（ISBN978-4-88319-564-0）
日本語能力試験 N2
　1,320円（税込）（ISBN978-4-88319-565-7）
日本語能力試験 N3
　1,320円（税込）（ISBN978-4-88319-610-4）
日本語能力試験 N3 ベトナム語版
　1,320円（税込）（ISBN978-4-88319-717-0）
日本語能力試験 N4
　1,320円（税込）（ISBN978-4-88319-694-4）
日本語能力試験 N4 ベトナム語版
　1,320円（税込）（ISBN978-4-88319-725-5）

● 新完全マスター聴解
日本語能力試験 N1（CD付）
　1,760円（税込）（ISBN978-4-88319-566-4）
日本語能力試験 N2（CD付）
　1,760円（税込）（ISBN978-4-88319-567-1）
日本語能力試験 N3（CD付）
　1,650円（税込）（ISBN978-4-88319-609-8）
日本語能力試験 N3 ベトナム語版（CD付）
　1,650円（税込）（ISBN978-4-88319-710-1）
日本語能力試験 N4（CD付）
　1,650円（税込）（ISBN978-4-88319-763-7）

■ 読解攻略！
日本語能力試験 N1 レベル
　1,540円（税込）（ISBN978-4-88319-706-4）

■ 日本語能力試験模擬テスト

CD付　各冊990円（税込）

● 日本語能力試験 N1
模擬テスト
〈1〉（ISBN978-4-88319-556-5）
〈2〉（ISBN978-4-88319-575-6）
〈3〉（ISBN978-4-88319-631-9）
〈4〉（ISBN978-4-88319-652-4）

● 日本語能力試験 N2
模擬テスト
〈1〉（ISBN978-4-88319-557-2）
〈2〉（ISBN978-4-88319-576-3）
〈3〉（ISBN978-4-88319-632-6）
〈4〉（ISBN978-4-88319-653-1）

● 日本語能力試験 N3
模擬テスト
〈1〉（ISBN978-4-88319-841-2）
〈2〉（ISBN978-4-88319-843-6）

● 日本語能力試験 N4
模擬テスト
〈1〉（ISBN978-4-88319-885-6）
〈2〉（ISBN978-4-88319-886-3）

スリーエーネットワーク

ウェブサイトで新刊や日本語セミナーをご案内しております。
https://www.3anet.co.jp/

はじめて学ぶ介護の日本語
生活知識とコミュニケーション

べっさつ
別冊

スリーエーネットワーク

Part 1 生活知識

●練習しましょう1《あいさつ》　P28
[解答例]
①ようこそ　　②失礼します　　③はい。わかりました　　④お変わりないですよ
⑤お先に失礼します

●練習しましょう2《日本の地理・気候・有名なもの》　P29
1. 〔B〕東北地方　　〔C〕関東地方　　〔D〕中部地方　　〔E〕近畿地方
　　〔F〕中国地方　　〔G〕四国地方　　〔H〕九州地方

2. ①徳島県：阿波おどり　　②北海道：さっぽろ雪まつり
　　③秋田県：なまはげ

3. ①鳥取県：鳥取砂丘　　②沖縄県：パイナップル
　　③千葉県：落花生　　④山梨県：もも
　　⑤福岡県：明太子

4. ①北海道地方　　②九州地方　　③関東地方

●練習しましょう3《日本の季節とイベント》　P31
①〔夏〕七夕　　②〔冬〕節分　　③〔秋〕敬老の日
④〔春〕端午の節句　　⑤〔冬〕クリスマス　　⑥〔夏〕お盆
⑦〔夏〕花火大会

●練習しましょう4《日本の食事》　P32
1. ①炒める　　②揚げる　　③ゆでる　　④漬ける　　⑤焼く　　⑥蒸す　　⑦和える
　　⑧煮る

2. ①常／普通　　②小刻み／極刻み　　③ペースト　　④ソフト

難しい　①→例→②→③→④　易しい

1

3. ①冷奴　　副食　　小鉢
　　②お浸し　　副食　　小鉢
　　③湯呑
　　④ご飯　　主食　　茶碗
　　⑤焼き魚　　副食　　皿
　　⑥みそ汁　　汁物　　お椀

4. 省略

◉練習しましょう5《衣服・身のまわりのもの》 P35

1. ①丸首のＴシャツ　　②ハイネックのセーター　　③チェックのシャツ
　　④Ｖネックのカーディガン　　⑤無地のワンピース

2. ①巾着袋　　②腕時計　　③ポーチ　　④爪切り　　⑤ハンカチ
　　⑥歯ブラシ　　⑦歯磨き粉　　⑧入れ歯／義歯　　⑨虫眼鏡／ルーペ　　⑩ひざかけ

3. ［解答例］

トレーナーを着て、ズボン、靴をはきます。それに、帽子をかぶります。動きやすい服装です。靴も、歩きやすいスニーカーです。散歩でたくさん歩くので、コートは着ません。

4.

入所時持ちものチェックリスト

　　大野和子　様　　　　　　記入日：　2020　年　3　月　2　日　担当者　タン

	品名	特徴	個数		品名		色・特徴	個数
衣類	シャツ	チェック	1	整容関係	コップ	有・無		1
	ブラウス	花柄	1		歯ブラシ	有・無		1
	Tシャツ				歯磨き粉	有・無		1
	ポロシャツ				入れ歯	有・無	上　下	1
	トレーナー				入れ歯ケース	有・無		1
	セーター	ハイネック	1		ブラシ・くし	有・無	ブラシ	1
	カーディガン				シェーバー	有・無		
	ベスト				爪切り	有・無		
	ジャケット							
	ジャンパー							
	コート			介護品	車いす	有・無		
	ズボン	長、無地	2		杖	有・無		1
	スカート				補聴器	有・無		
	ワンピース	無地	1					
	肌着（上）		3					
	肌着（下）		3					
	ズボン下							
	寝巻（パジャマ・浴衣）	上下パジャマ	1					
	ストッキング／タイツ		1	貴重品	財布	有・無		
	靴下		2		現金	有・無		
	靴							
タオル類	バスタオル		1	その他	眼鏡	有・無		1
	フェイスタオル		1		眼鏡ケース	有・無		1
	ハンドタオル				かばん	有・無	大	1
	ハンカチ		1		巾着袋	有・無		1

当日の服装
丸首の花柄のカーディガン、丸首のTシャツ
膝丈の無地のスカート、靴下、靴

◉ **練習しましょう6《レクリエーション》　P38**

[解答例]

①半分に折って、紙に線をつけたら、開きます。

　向きを横に変えて、同じように半分に折ってから、開きます

②角を中心に合わせて折ります

③中心にある角を少し外に折ります

④外の角を後ろに少し折ります

⑤花

Part 2　コミュニケーション

❷ 利用者とのコミュニケーション

1.

× 声も小さいし、表情も暗い。

2.

○ 体を傾け、しっかり話を聞いている。

3.

× 腕組みをして、話を聞く姿勢ではない。

4.

× 相手の顔を見ないで話を聞いている。

5.

○ 相手に合わせて膝を折り、顔を見て話をしている。

6.

× 足を組み、相手の話を聞く姿勢ではない。

① 声かけ

● 練習しましょう1　P54

[解答例]

①○○さん、おはようございます。／ゆっくりお休みになれましたか。／ぐっすり寝られましたか。

②おやすみなさい。／ゆっくりお休みになってください。／いい夢を見てくださいね。

③今日は何を着られますか。／今日はどの服になさいますか。

④とてもお似合いですよ。／素敵ですね。／顔が明るく見えますね。

⑤ゆっくり立ちましょう。⇒ズボンと下着をさげますね。⇒ゆっくり座りましょう。

⑥お済みですか。／終わりましたか。／すっきりされましたか。／近くにいますので、終わったら呼んでくださいね。

● 練習しましょう2　P55

1．［解答例］

①今日のメニューは○○です。／献立を説明しますね。

②おいしいですか。／少し熱いので、気をつけてください。

③ゆっくり召しあがってください。／よく噛んでくださいね。

④おさげしますね。／きれいに召しあがりましたね。

2．［解答例］

①お湯をおかけしますね。／（温度は）いかがですか。／（温度は）大丈夫ですか。

②お手伝いしますね。／背中を流しましょうか。

③手すりをつかんで、ゆっくり入りましょう。／足元に気をつけてゆっくり入りましょう。

④湯加減はいかがですか。／ご気分はいかがですか。

⑤ドライヤーをおかけしますね。／髪を乾かしましょうね。／（ドライヤーは）熱くないですか。

②あいづち
● 練習しましょう1　P58

［解答例］

①そうですね。　　②それはいいですね。　　③さすがですね。

④コックだったんですね。　　⑤それはよかったですね。　　⑥鳥が好きなんですか。

● 練習しましょう2　P59

［解答例］

①○○さん、お風呂が好きですもんね。

②レクリエーションがんばりましたからね。

③今日は、○○さんの好きな焼き魚ですよ。

④○○さんの好きな鳥もたくさんいますね。

③質問の方法
● 練習しましょう1　P62

1．

①閉じられた質問　②閉じられた質問　③閉じられた質問　④開かれた質問

⑤閉じられた質問　⑥開かれた質問　⑦閉じられた質問　⑧開かれた質問

２．［解答例］

①体調はいかがですか

②他にどんな症状がありますか

③熱を測りましょうか

④病院へ行きましょうか

◉練習しましょう２　P63

［解答例］

①介護者：大野さん、体調はいかがですか。

利用者：ちょっと寒気がして……。

介護者：そうですか。熱があるかもしれませんね。熱を測りましょうか。

利用者：はい。

介護者：喉は痛くありませんか。

利用者：少し、痛いです。

介護者：いつから調子が悪いんですか。

利用者：きのうの晩からです。

②介護者：大野さん、何を見ているんですか。

利用者：歌番組です。

介護者：そうですか。いいですね。どんな歌が好きなんですか。

利用者：やっぱり、演歌かな。

介護者：好きな歌手がいるんですか。

利用者：そうね。美空ひばりはいいわね。

③介護者：鈴木さん、いつも面会にくるお孫さん、かわいいですね。

利用者：ありがとう。今週末も会いにくるって言ってたわ。

介護者：へえ。いいですね。お孫さんはおいくつなんですか。

利用者：来年小学生になるの。

介護者：そうなんですね。楽しみですね。

利用者：ええ。

③ 職員とのコミュニケーション

[解答例]
1. 利用者の病名、症状、気をつけることなど
2. 利用者の体調、様子、介助の内容など
3. 利用者の体調、様子、過ごし方、言っていたことなど

① 申し送り

◉ 練習しましょう2《利用者の体調②》 P70

1. 省略

2. [解答例]
①日時　②名前　③昨日の利用者の様子　④昨日の対応　⑤今日の利用者の様子
⑥今日の対応

3. [解答例]
①昨夜23時20分　② (101号室の) 加藤さん　③頭痛
④検温→37度2分・微熱→看護師に報告　⑤今朝、37度　⑥引き続き様子をみる

4. [解答例]
①頭痛がありました。　②検温したら、37度2分の微熱だったので看護師に報告しました。
③今朝はまだ37度あります。　④ (引き続き) 様子をみます。

◉ 練習しましょう3《病院受診》 P72

1. 省略

2. [解答例]
①名前　②日時　③今日の予定1　④今日の利用者の様子
⑤これからの対応　⑥今日の予定2

3. [解答例]
① (201号室の) 森下さん　②本日 (午前) 10時半→市民病院、消化器内科、受診→12時戻り
③今朝、38度3分、昨日から熱　④10時に玄関、付き添い高橋さん

4．［解答例］
①10時半に市民病院で受診します。　②今朝38度3分できのうから熱が続いています。
③10時に玄関にお連れします。（その前に身支度とトイレを済ませます。）
④看護師の高橋さんです。

●練習しましょう4《ショートステイ》　P74

1．省略

2．［解答例］
①名前　②本日の予定　③付き添い　④担当者と指示　⑤自宅での様子　⑥注意点

3．［解答例］
①佐藤光子さん　②本日よりショートステイ、10時半　③娘さん（が付き添い）
④山下さん：荷物預かり、チェック表記入　⑤摂食時にむせ込み→誤嚥注意

4．［解答例］
①はい、います。　②佐藤光子さん、娘さんと来ます。
③山下さんが、荷物を預かってチェック表に記入します。
④摂食時にむせ込みがあるので、誤嚥に注意が必要です。

●練習しましょう5《利用者の夜間の様子》　P76

1．省略

2．［解答例］
①名前　②時間　③昨日の利用者の様子　④昨日の対応と反応
⑤その後の利用者の様子　⑥今日の予定

3．［解答例］
①太田さん　②2時　③歩き回り、ものを収集　④居室へ戻る声かけ→談話室に誘導
⑤しばらくすると居室、起床時間まで休む→寝不足　⑥様子をみる

4．［解答例］
①2時に、歩き回ったり、ものを収集したりしていました。
②居室に戻るよう声をかけましたが、拒否があったので、談話室に誘導しました。
③しばらくすると居室に戻って休みました。　④様子をみます。

◉練習しましょう6　P78

［解答例］

①田中様は、午後のレクリエーションの際、歌いたくないと言っていました。

　また、汗をかいていたので、清拭をしたところ、さっぱりした顔をしていました。

②森様は、午前に、衣類着脱の際、寒い、ぞくぞくするとおっしゃっていました。そこで検温すると、37度8分だったので、入浴を中止にして清拭をしました。これからは、こまめに居室に行き、観察をします。

③大山様は、昼食は、主食と副食ともに少量召しあがりました。むせ込みがありました。介助をしていましたが、「いらない」とおっしゃったので、下膳しました。

④小野様は、朝食前のトイレ移動中にふらつきがみられました。トイレではズボンの上げ下ろしの介助が必要でした。これからは、歩行時に見守りをしてください。

② 記録

● 練習しましょう　P90

[解答例]

介護記録表

令和　元　年　5　月　1　日

ご利用者名　　　　水田一郎　　　　様

ご利用中の様子など			
	時間	体温	血圧	脈拍

	時間	体温	血圧	脈拍
健康チェック	8：30	36.6 ℃	120／95	57 /min
	13：00	36.4 ℃	110／92	60 /min
	20：00	36.5 ℃	110／95	60 /min

	時間	量		
水分摂取量	7：30	200 cc		
	10：15	150 cc		
	12：00	200 cc		
	14：30	200 cc		
	15：00	150 cc		
	18：30	200 cc		
	21：30	150 cc	計　1250 cc

お食事	主食	副食	特記事項
朝	全／　割	全／　割	特変なし。
昼	全／　割	全／9割	夕食は一部介助で摂取しました。
間食	全／5割		
夕	全／　割	全／　割	

（主食・副食の「全」に○印、間食の「全／5割」は「全」に○印）

服薬	☑ 朝	□ 昼	☑ 夕	□ 目薬	□ その他

入浴	有 ・ 無 ・ 拒	特記事項
	（有に○印）	一般浴で入浴しました。 湯船につかりながら「気持ちいい！」と言っていました。

排泄	排尿	排便	特記事項
	7 回	1 回	夕食の前、中量の排便がありました。

ご様子	日中	レクリエーションに参加し、体を動かしました。 「いい汗をかいた！」と言っていました。
	夜間	特変なく、良眠していました。

備考	就寝前に、「たまには散歩に行きたいな」と言っていました。

記入者名　　　　　　タン　　　　　　　㊞

❹ 家族とのコミュニケーション

1．家族が施設に来た（来所した）
2．家族から電話がきた
3．家族と相談するとき・報告する

① 利用者の様子を伝える場面

◉ 練習しましょう　P93

［解答例］

①お元気でいらっしゃいますよ。
②最近、よく咳が出るようです。
③血圧の問題はなく、お元気ですよ。

② 家族からもらいものをする場面

◉ 練習しましょう1　P94

［解答例］

①ありがたく頂戴いたします。
②お気持ちだけ頂戴いたします。ありがとうございます。

◉ 練習しましょう2　P95

1．省略

2．［解答例］
①母　　②鈴木　　③鈴木　　④母　　⑤特に変わったことはなく、お元気ですよ。
⑥それは安心しました。　　⑦ご丁寧にありがとうございます。頂戴いたします。
⑧はい、どうぞ。　　⑨母
⑩鈴木さんは、先ほどお昼寝をされていたので、今はお部屋にいらっしゃると思います。

⑤ 介護現場で使う表現　オノマトペ

 省略

① 体調に関するオノマトペ

◉ 練習しましょう　P100

1.
①ぞくぞく　　②むずむず　　③こんこん　　④むかむか　　⑤かさかさ　　⑥いがいが
⑦がんがん／ずきずき　　⑧ぜーぜー

2.［解答例］
①熱があっ　　体がぞくぞくする　　②花粉症　　鼻がむずむずする

② 様子に関するオノマトペ

◉ 練習しましょう　P103

1.
①ゆっくり（と）　　②ぼんやり（と）／ぼーっとする　　③のんびり（と）する
④こっそり（と）　　⑤（頭が）くらくらする　　⑥さっさと　　⑦うろうろする
⑧うとうとする　　⑨よたよた（と）　　⑩そっと　　⑪ふらふらする

2.［解答例］
①うとうと　　②よたよた

③ 気持ちに関するオノマトペ

◉ 練習しましょう1　P106

1.
①はっとする　　②びっくりする　　③どきどきする　　④わくわくする
⑤ひやりと／ひやっとする　　⑥うきうきする　　⑦いらいらする　　⑧ほっとする

2.［解答例］
①うきうき／わくわくします　　②ひやりと／ひやっとしました

◉練習しましょう2　P107

[解答例]

①頭ががんがんしているようです

②足取りがふらふらしています

③テレビを見ながらうとうとしています

④田口さんを見て、はっとしました

⑤山田さん　　ホールをうろうろしています

⑥伊藤さん　　ぼーっとしています

「申し送り」のスクリプト

◆音声は、https://www.3anet.co.jp/np/resrcs/422420/ で聞くことができます。

◎練習しましょう1《利用者の体調①》 P68〜P69　🔊01

おはようございます。
昨日午後に、201号室の森下さんが不調を訴えたため、受診したところ、風邪と診断を受けました。現在も、腹痛、下痢、発熱、吐き気、嘔吐の症状が続いています。水分補給をこまめに行ってください。
では、よろしくお願いします。

◎練習しましょう2《利用者の体調②》 P70〜P71　🔊02

おつかれさまです。
昨夜23時20分に、101号室の加藤さんを訪室したところ、頭痛がするとのことでした。検温すると、37度2分の微熱があったので看護師に報告しました。今朝の検温でも、まだ37度ありましたので、引き続き、様子をみてください。
では、よろしくお願いします。

◎練習しましょう3《病院受診③》 P72〜P73　🔊03

おはようございます。
201号室の森下さんですが、本日午前10時半に市民病院の消化器内科を受診の予定です。朝の検温では38度3分で、昨日からの熱が続いています。10時までに身支度とトイレを済ませ、玄関にお連れしてください。付き添いは看護師の高橋さんです。戻りは12時の予定です。
では、よろしくお願いします。

◉ 練習しましょう4《ショートステイ》 P74〜P75　🔊04

おはようございます。朝の申し送りを始めます。
佐藤光子さん、本日よりショートステイを利用されます。10時半に、娘さんが付き添いでいらっしゃいます。山下さん、ご家族より荷物を預かり、チェック表に記入をしてください。佐藤さんの在宅での様子ですが、摂食時にむせ込みがあります。誤嚥に十分気をつけてください。
では、よろしくお願いします。

◉ 練習しましょう5《利用者の夜間の様子》 P76〜P77　🔊05

次に、太田さんですが、夜間2時に、歩き回ったり、ものを収集したりする様子がみられました。居室に戻るよう声をかけても拒否があったので、談話室に誘導しました。しばらくすると居室に戻って、起床時間まで休んでいらっしゃいましたが、離床介助時には、寝不足だとおっしゃっています。様子をみておいてください。
では、よろしくお願いします。